ESCUTA PSICANALÍTICA

ESCUTA PSICANALÍTICA

Métodos, limites e inovações

Salman Akhtar

Tradução
Giovanna Del Grande da Silva

Escuta psicanalítica: métodos, limites e inovações

Título original: *Psychoanalytic listening: methods, limits, and innovations*

© 2012 Salman Akhtar

© 2016 Editora Edgard Blücher Ltda.

2ª reimpressão – 2020

Blucher

Rua Pedroso Alvarenga, 1245, 4º andar
04531-934 – São Paulo – SP – Brasil
Tel.: 55 11 3078-5366
contato@blucher.com.br
www.blucher.com.br

Segundo o Novo Acordo Ortográfico,
conforme 5. ed. do *Vocabulário
Ortográfico da Língua Portuguesa,
Academia Brasileira de Letras*, março de
2009.

FICHA CATALOGRÁFICA

Akhtar, Salman
  Escuta psicanalítica : métodos, limites
e inovações / Salman Akhtar ; tradução de
Giovanna Del Grande da Silva. – São Paulo :
Blucher, 2016.
  288 p.

  Bibliografia
  ISBN 978-85-212-1106-8
  Título original: Psychoanalytic
Listening: Methods, Limits, and Innovations

  1. Psicanálise I. Título II. Silva, Giovanna
del Grande da

16-1058   CDD 150.195

Índices para catálogo sistemático:
1. Psicanálise

Para

Otto Kernberg

Com admiração, carinho e gratidão.

"Podemos imaginar um analista mudo,
mas não podemos imaginá-lo surdo"

—*Leopold Nosek, 2009*

Conteúdo

Agradecimentos

Dr. Michael Vergare, presidente do Departamento de Psiquiatria e Comportamento Humano da Faculdade de Medicina Jefferson (minha base acadêmica por mais de trinta anos), apoiou consistentemente o meu trabalho. Meus pacientes mobilizaram o tipo de questões técnicas às quais esse livro tenta responder. Os Drs. Jennifer Bonovitz, Ira Brenner, Axel Hoffer, Judith Kark, Joshua Levy e Vamik Volkan, proveram informações que foram úteis a esse livro. Minha esposa e colega analista, Monisha Akhtar, forneceu contribuições úteis e proporcionou o ambiente necessário para o trabalho criativo. O Capítulo 2 desse livro foi escrito especificamente por solicitação da Dra. Teresa Lorito, de Pisa, Itália, além de ter se beneficiado das contribuições dos Drs. Daniela Bolelli, Stefano Calamandrei, Giovanni Foresti, Paula Freer e Maria Grazia Vassallo durante sua apresentação na Conferência "Silêncio Humano, Silêncio Desumano", em Pisa, em junho de 2011. Minha assistente, Jan Wright, preparou o manuscrito do livro com a diligência e o bom humor que lhe são característicos. A todos esses indivíduos, meu sincero agradecimento.

Sobre o autor

O médico **Salman Akhtar** é professor de Psiquiatria na Faculdade de Medicina Jefferson e analista didata e supervisor no Centro Psicanalítico da Filadélfia. Atuou nos comitês editoriais do *International Journal of Psychoanalysis* e do *Journal of the American Psychoanalytic Association*. Possui mais de 300 publicações, incluindo treze livros – *Broken Structures* (1992), *Quest for Answers* (1995), *Inner Torment* (1999), *Immigration and Identity* (1999), *New Clinical Realms* (2003), *Objects of Our Desire* (2005), *Regarding Others* (2007), *Turning Points in Dynamic Psychotherapy* (2009), *The Damaged Core* (2009), *Comprehensive Dictionary of Psychoanalysis* (2009), *Immigration and Acculturation* (2011), *Matters of Life and Death* (2011) e *The Book of Emotions* (2012) – e quarenta e um volumes editados ou coeditados, nas áreas de Psiquiatria e Psicanálise. O Dr. Akhtar proferiu vários discursos e palestras incluindo, mais recentemente, o discurso de abertura do primeiro Congresso IPA-Asia, em Pequim, China (2010). O Dr.

Akhtar recebeu o Prêmio de Melhor Artigo do Ano do *Journal of the American Psychoanalytic Association* (1995), o Prêmio Margareth Mahler de Literatura (1996), o Prêmio Sigmund Freud da Sociedade Americana de Médicos Psicanalistas (2000), o Prêmio Laughlin da Faculdade Americana de Psicanalistas (2003), o Prêmio Edith Sabshin da Associação Americana de Psicanálise (2000), o Prêmio Robert Liebert da Universidade de Columbia para Distintas Contribuições para a Psicanálise Aplicada (2004), o Prêmio Kun Po Soo da Associação Americana de Psiquiatria (2004), o Prêmio Irma Bland por ser o Professor Destaque dos Residentes em Psiquiatria (2005) e o Prêmio Nancy Roeske por ser o Professor Destaque dos Estudantes de Medicina (2012). O Dr. Akhtar é um professor e palestrante internacionalmente requisitado e seus livros foram traduzidos para vários idiomas, incluindo Alemão, Turco e Romeno. Seus interesses são amplos e ele atuou como editor de crítica cinematográfica para o *International Journal of Psychoanalysis* e atualmente atua como editor de crítica literária para o *International Journal of Applied Psychoanalytic Studies* e como membro editorial do *Psychoanalytic Quarterly*. Publicou sete coleções de poesia e atua como *scholar-in-residence*[1] da Companhia de Teatro InterAct na Filadélfia.

Nota

1. Um perito em determinado assunto que presta consultoria sobre o tema de sua expertise na cidade onde reside ou na qual residirá durante um período por ocasião da administração de um curso, palestra, ou outro compromisso acadêmico.

Introdução

A célebre paciente de Joseph Breuer, Anna O., denominou a psicanálise como "a cura pela fala". Ela estava correta porquanto a psicanálise realmente posiciona o intercâmbio verbal no centro do palco. De fato, a "regra fundamental" da técnica analítica é que o paciente deve falar o que lhe vier à mente. Ele ou ela não deve evitar falar sobre algum assunto por questões sintáticas, estéticas ou morais. A contrapartida a essa "associação livre" por parte do paciente eram as palavras faladas do analista. Essas "intervenções" eram variadas e, com o amadurecimento da psicanálise como disciplina clínica, uma grande variedade destas se desenvolveu. O conceito de "interpretação", por si só, foi subdivido em subcategorias de interpretação transferencial, interpretação extratransferencial, interpretação genética, interpretação inexata, interpretação profunda, interpretação anagógica e, assim por diante. Como se não fosse suficiente, outros tipos de intervenção evoluíram, incluindo clarificação, construção, reconstrução, intervenção integrativa, intervenção afirmativa, intervenção para recuperar algo profundo e intervenção de desenvolvimento,[1] além de outras similares.

O foco sobre as atividades *faladas* de paciente e terapeuta afastou a atenção sobre como as duas partes *escutam* uma à outra. As seguintes questões foram, então, ignoradas. A escuta analítica é diferente da escuta comum? Quais são os pré-requisitos para a escuta analítica? É necessário apenas um tipo de escuta durante uma sessão analítica? Se mais de um tipo de escuta são necessários, o que determina, então, o uso de um tipo particular de escuta em um momento específico? Como uma ou outra variedade de escuta afeta as intervenções do terapeuta? O que o terapeuta está escutando? O terapeuta escuta palavras, pausas entre palavras, ou escuta a música afetiva que permeia a sessão analítica? Pode o terapeuta "escutar" silêncios, imagens visuais, mudanças de postura, ou outras comunicações não verbais? A escuta do analista deve se restringir ao que o paciente fala ou pode/deve ser dirigida à sua própria mente e comportamento? E assim sucessivamente.

Pode-se também acrescentar à discussão algumas questões relacionadas ao paciente. O paciente realmente escuta quando o terapeuta fala? O paciente escuta as palavras do analista ou o seu tom de voz? Como o paciente escuta a si mesmo? A capacidade de escuta do paciente é caracterológica em origem ou pode ser aprimorada pela própria análise? Sem dúvida, essa lista também pode ser facilmente ampliada. A questão é a seguinte: o que Anna O. falou era verdade, mas não constituiu toda a verdade. A psicanálise é uma cura pela escuta *e* pela fala. Esses dois elementos são fundamentais ao trabalho clínico. A escuta sem a fala é limitada. Falar sem escutar pode enganar e prejudicar. E, ainda, o componente *escuta* dessa equação tem recebido pouca atenção na literatura analítica.

Meu livro almeja retificar esse problema ao focar na escuta analítica. Partindo da descrição inicial de Freud sobre como um analista deve escutar, o livro transita por consideráveis territórios históricos, teóricos e clínicos. Os assuntos abrangidos variam desde diversos métodos de escuta, passando pelo do potencial informativo da contratransferência até os limites externos da nossa escuta analítica costumeira, onde a escuta analítica não mais auxilia e pode, inclusive, ser contraindicada. Permitam-me, nesse ponto, comentar brevemente sobre cada um desses capítulos.

No capítulo inicial do livro, descrevo quatro modelos de escuta analítica: (i) escuta objetiva, (ii) escuta subjetiva, (iii) escuta empática, e (iv) escuta intersubjetiva. Cada qual com seus embasamentos teóricos e produções técnicas. Após elucidar essas questões, revelo as áreas sobrepostas dos modelos supramencionados e também observo algumas formas híbridas que caíram entre fendas partidárias. Estabeleço as raízes desenvolvimentais de várias formas de escuta e relaciono a polaridade emergente nesse domínio (por exemplo, crédulo versus cético) com as formas materna e paterna de relacionamento com os filhos. Sugiro que uma combinação ótima dos dois polos torna a escuta analítica melhor sintonizada (e mais útil) para o paciente. Desnecessário acrescentar, tal escuta é direcionada às palavras bem como às comunicações não verbais do paciente.

Com relação às comunicações não verbais, dirijo-me ao fenômeno multifacetado do silêncio no capítulo seguinte. Nele, descrevo oito tipos de silêncio: (i) silêncio estrutural, (ii) silêncio devido à ausência de mentalização, (iii) silêncio devido aos conflitos, (iv) silêncio como *enactment*, (v) silêncio simbólico, (vi) silêncio contemplativo, (vii) silêncio regenerativo, e (viii) silêncio vazio. Coloco o silêncio no mesmo patamar da fala, enfatizando que ambos têm a habilidade de servir a objetivos similares. Ambos podem ocultar e expressar conteúdos psíquicos. Ambos podem defender contra pressões pulsionais e ambos podem auxiliar a descarregar essas tensões. Ambos podem comunicar transferência e ambos podem ser veículos de *enactment*. Ambos podem induzir e evocar sentimentos contratransferenciais. Ambos podem facilitar ou impedir o progresso do processo analítico. Através de tudo isso e mais, tanto o silêncio como a verbalização tornam-se necessários ao nosso empreendimento clínico. Entretanto, os objetivos e as consequências do silêncio do paciente e do silêncio do terapeuta podem ser diferentes. Além de delinear os princípios técnicos envolvendo seus silêncios concorrentes, descrevo o fenômeno do "silêncio mútuo" na hora clínica e elucido suas bases ontogenéticas e anagógicas.

A discussão sobre o silêncio leva-me à próxima parada lógica, isto é, a tudo que é comunicado pelo paciente sob a forma de ação. Este tema forma o tópico do próximo capítulo deste livro. Divido meu discurso em escutar a ações (i) enquanto organiza a primeira sessão, (ii) quando o paciente chega à primeira sessão, (iii) durante a consulta inicial, (iv) durante a fase inicial da análise, (v) durante a fase intermediária da análise, e (vi) durante a fase de término da análise. Considerando-as como mensagens acerca do seu estado psicopatológico e – posteriormente, no curso do tratamento – sobre sua relação transferencial, abordo a difícil questão da interpretação desses aspectos comportamentais durante nosso trabalho clínico.

No capítulo seguinte, redireciono minha atenção passando da escuta do material do paciente para o tipo de informação que o psicanalista pode obter a partir da "escuta" do seu próprio *self*. Reviso o conceito da contratransferência, conceito amplo e em evolução, classificação sob a qual as experiências que descrevo tendem a pertencer. Com admitida precisão indevida, categorizo a autovigilância informativa do terapeuta em (i) escutar às suas próprias associações, (ii) escutar às suas próprias emoções, (iii) escutar a seus próprios impulsos, e (iv) escutar à suas próprias ações. Demonstro que a atenção do analista à sua experiência subjetiva é uma rica fonte de informação acerca da natureza das comunicações de seu analisando, bem como do desdobramento silencioso no eixo transferência-contratransferência. A consciência de como a experiência subjetiva do analista pode ser "inspecionada" a partir de várias perspectivas é especialmente útil para o analista durante momentos de turbulência emocional no curso do trabalho clínico. Amplio essa ideia em direções úteis através de uma síntese das relações objetais da psicologia do ego e das perspectivas relacionais e intersubjetivas atuais. Essa mesma estrutura conceitual aprofunda nossa compreensão sobre como nossa capacidade de escuta analítica fica seriamente comprometida.

Essa ideia constitui o tópico do meu próximo capítulo. Nele, descrevo seis variáveis com potencial para impedir a escuta analítica: (i) deficiência auditiva, (ii) resistência caracterológica por parte do analista, (iii) bloqueios contratransferenciais, (iv) rigidez conceitual e comprometimento inabalável com um ou outro modelo teórico, (v) fortes diferenças socioculturais entre analista e paciente, e (vi) bilinguismo de uma ou duas partes da díade terapêutica. Muitas dessas variáveis podem coexistir simultaneamente e uma variável (por exemplo, rigidez conceitual) pode ser afetada por outra (por exemplo, bloqueio contratransferencial). Alguns fatores (como deficiência auditiva leve) podem ser remediáveis, enquanto outros (por exemplo, diferenças culturais) são definitivos. Contudo, deve-se estar ciente de seu impacto potencialmente prejudicial sobre a escuta analítica. Faço uma tentativa de tornar tal impacto vívido e convincente ao demonstrar evidências corroborativas da literatura prévia e oferecer vinhetas clínicas sugestivas retiradas da minha prática.

No capítulo seguinte, observo que a própria fala pode servir como resistência ao processo analítico. Proponho, então, três

questões intrigantes acerca de se a escuta é sempre "boa" e útil.
Sugiro que o analista pode, de fato, se recusar a escutar: (i) quando, desde o princípio, o paciente tenta empurrar o analista para uma condição de não aliança, (ii) quando o paciente repete *ad nauseum* alguma coisa, (iii) quando o paciente utiliza a fala para descarga instintual ou estabilização narcísica, e (iv) quando o paciente aborda uma transferência extensivamente analisada, em uma brincadeira inconsciente, próximo ao fim da análise. Entretanto, recusar-se a escutar é uma estratégia técnica que (i) deve ser utilizada somente por analistas com considerável experiência clínica, (ii) deve ser utilizada com moderação, (iii) deve ser utilizada após muito trabalho afirmativo e interpretativo, (iv) deve ser feita após supervisão com um colega e, se isso não for possível, seu uso deve ser posteriormente discutido com um colega, (v) deve ser utilizada após um sincero esforço para distinguir tentações contratransferenciais de intenções terapêuticas genuínas, e (vi) requer que seu impacto sobre o paciente seja examinado e trabalhado analiticamente. Deve-se se ressaltar, também, que mesmo quando o analista se recusa a escutar, ele, na verdade, não para de escutar. O que ele para de escutar é o material superficial e começa a insistir que o paciente se aprofunde mais.

Tendo elucidado todos esses aspectos da escuta analítica, tento demonstrar as restrições que devemos colocar nessa nossa valiosa habilidade. No capítulo final do livro, descrevo como a escuta psicanalítica necessita ser menos atuante em três situações: (i) durante a supervisão, (ii) no discurso público, e (iii) em casa. Na supervisão, devemos restringir nossa escuta analítica ao controle do material do paciente e do relacionamento paciente-analista, eliminando a especulação acerca dos objetos internos do analista e de sua personalidade em geral. Em um discurso público, devemos diminuir o risco de nos tornarmos um "analista selvagem" e lembrarmo-nos de que se trata de um *setting* inapropriado e sem dados de suporte suficientes. Na vida doméstica, devemos tentar colocar a escuta analítica à parte o máximo possível e não deixar que jargões técnicos impeçam o vernáculo das conversações humanas "comuns". Tais restrições no uso de nossas mentes analíticas paradoxalmente aguçam seus limites.

A breve visão oferecida aqui sobre os conteúdos dos sete capítulos do livro não faz justiça a eles. Suas camadas históricas, revisão de literatura, fundamentação teórica, apresentação de vinhetas clínicas e seu relacionamento intrínseco entre cada um desses aspectos produz as nuances de um discurso multifacetado sobre o tópico da escuta analítica. Espero sinceramente que tal esforço integrativo auxilie analistas principiantes e futuros analistas a fazer um ajuste fino de suas capacidades de escuta. Se aqueles com vasta experiência no campo também encontrarem algum sentido aqui, eu ficaria mais feliz.

Nota

1. *Depth-rendering intervention*, consiste na designação de Salman Akhtar para intervenções analíticas que trazem ao conhecimento do paciente o fato de que múltiplos significados coexistem na sua comunicação, em diferentes níveis de abstração, consciência e importância. *developmental intervention*: Conceito de Samuel Abrams (1978) que refere-se à intervenção suportiva do terapeuta de reconhecer e encorajar uma habilidade recém adquirida do paciente.

1. Quatro tipos de escuta analítica

"[o analista] deve voltar seu próprio inconsciente, como um órgão receptor, na direção do inconsciente transmissor do paciente."
Sigmund Freud (1912e, p. 115)

Em seus trabalhos sobre a técnica psicanalítica, Freud (1911e, 1912b, 1912e, 1913c, 1914g, 1915a) abordou quase todos os aspectos importantes da nossa prática clínica, incluindo a necessidade de certa frequência e regularidade de sessões, honorários, uso do divã, associação livre, os limites da memória e evocação, resistência, transferência, anonimato e neutralidade, trabalhando com sonhos e a função interpretativa do analista. Ele também fez várias observações acerca da maneira de escutar do analista e com o quê exatamente sua atenção deveria estar sintonizada. Observe as seguintes recomendações de Freud nesse contexto.

- "A técnica... é muito simples... consiste simplesmente em não dirigir o reparo para algo específico e em manter a mesma 'atenção uniformemente suspensa' em face de tudo o que se escuta" (1912e, pp. 111-112).

- "A regra para o médico pode ser assim expressa: 'Ele deve conter todas as influências conscientes da sua capacidade de prestar atenção e abandonar-se inteiramente à 'memória inconsciente'." Ou, para dizê-lo puramente em termos técnicos: 'Ele deve simplesmente escutar e não se preocupar se está se lembrando de alguma coisa" (ibid., p. 112).

- "Ele deve voltar seu próprio inconsciente, como um órgão receptor, na direção do inconsciente transmissor do paciente. Deve ajustar-se ao paciente como um receptor telefônico se ajusta ao microfone transmissor... o inconsciente do médico é capaz, a partir dos derivados do inconsciente que lhe são comunicados, de reconstruir esse inconsciente, que determinou as associações livres do paciente" (ibid., pp. 115-116).

É claro que Freud confiava imensamente na comunicação direta entre os inconscientes de paciente e analista e que concebia a atenção livremente flutuante do analista como sendo a metade externa da associação livre do paciente. Isso não quer dizer que Freud não era conhecedor dos obstáculos que problemas não solucionados na personalidade do analista causariam ao tratamento. Ele aconselhava futuros analistas a "não tolerar quaisquer resistências em si próprio" (ibid., p. 116), a submeter-se à análise e a "continuar o exame analítico de sua personalidade sob a forma de autoanálise" (ibid., p. 117). Caso contrário, havia o risco de não escutar apropriadamente o paciente, omitindo sinais oferecidos pelo mesmo e, pior ainda, projetando seus próprios problemas pessoais nos temas em consideração.

Para Freud, a escuta analítica não se restringia às palavras faladas do paciente. Esta também incluía prestar atenção aos seus silêncios e aos sinais não verbais oferecidos por ele (Freud, 1909d, 1914g, 1917). Uma atenção de tal amplitude requeria uma submissão tranquila a todas as informações que estavam sendo recebidas. Aqui, não havia espaço para focalização, escolha ou censura. Em um trabalho posterior, Freud reiterou que

> *coletamos o material para o nosso trabalho de uma variedade de fontes – do que nos é transmitido pelas informações que nos são dadas pelo paciente e por suas associações livres, do que ele nos mostra nas transferências, daquilo a que chegamos pela interpretação de seus sonhos e do que ele revela através de lapsos ou parapraxias. Todo esse material ajuda-nos a fazer construções acerca do que lhe aconteceu e foi esquecido, bem como sobre o que lhe está acontecendo no momento, sem que o compreenda (1940a, pp. 177-178).*

Para que tal transação ocorresse, o analista tinha que certificar--se de que não estava exercendo resistências ao caminho da escuta; a melhor forma de garantir isso era a de ele próprio se submeter a uma "purificação psicanalítica" (Freud, 1912e, p. 116). Isso era especialmente importante para o manejo da transferência amorosa com equanimidade, visto que um analista que tivesse elaborado seu narcisismo entenderia que "o enamoramento do paciente é induzido pela situação analítica e não deve ser atribuído aos encantos de sua própria pessoa" (Freud, 1915a, p. 161). Contudo, adquirir tal postura mental, especialmente por parte do iniciante, requeria algum esforço.[1] A tensão entre render-se passivamente a um estado mental "igualmente flutuante" e as medidas ativas empreendidas para adentrar a esse estado mental são aspectos com os quais as contribuições posteriores tiveram bastante dificuldade.

Eles também precisaram enfrentar o paradoxo de que a não-escuta do analista a algo específico é precisamente o que o leva a descobrir aspectos particularmente significativos. Portanto, as contribuições psicanalíticas feitas após Freud encontraram suas próprias soluções a esses dilemas e acrescentaram novas nuances à maneira pela qual um analista escuta a comunicação do paciente.[2]

Tendo em vista o amplo espectro desses estilos de escuta e a grande diversidade de foco dada pelos seus respectivos proponentes, qualquer tentativa de categorizá-los está fadada a fracassar ou permanecer incompleta. Além disso, as várias formas de escuta que foram desenvolvidas não estão cirurgicamente separadas; elas apresentam sobreposições significativas. Com tais ressalvas em mente, proponho que a escuta psicanalítica na literatura subsequente às ideias originais de Freud (1912e) sobre o tema, seja dividida em quatro grandes formas. Estas incluem (i) a escuta objetiva, (ii) a escuta subjetiva, (iii) a escuta empática, e (iv) a escuta intersubjetiva. Cada perspectiva merece ser considerada separadamente sem, entretanto, desconsiderar a complementaridade e confluência com seus homólogos.

Escuta objetiva

Essa maneira de escutar tem base na visão "clássica" da natureza humana, em suas doenças e suas respectivas curas. Tal perspectiva, encontrada mais claramente no pensamento de Kant, considera o esforço em direção à autonomia e o reino da razão como essência do ser humano. Extrapolando-a para a psicanálise,

> *a visão clássica vê o homem como governado pelo princípio do prazer e o desenvolvimento em direção à maturidade é o que direciona à predominância do princípio de*

realidade. A atitude do analista em relação ao paciente é uma combinação de respeito e desconfiança, tomando o analista o lado do princípio de realidade. A ética é estóica: maturidade e saúde mental dependem do grau em que uma pessoa é capaz de reconhecer a realidade como ela é e de ser racional e sábia (Strenger, 1989, p. 601).

A postura "clássica" coloca o analista na posição de um observador separado e de um árbitro da "realidade" e, no que diz respeito à escuta analítica, oferece certo ceticismo com relação às produções verbais do paciente. A escuta do analista não é seduzida pelas dificuldades manifestas do paciente. Ela é impulsionada em direção a decifrar "as formas nas quais os desejos e as fantasias do paciente colorem sua percepção da realidade, de passado e de presente" (ibid., p. 603). Presta-se atenção no *que* o paciente está falando, mas o interesse maior reside em *como* o paciente está falando; o processo é mais valorizado do que o conteúdo. Consequentemente, as pausas, hesitações, ênfases, peculiaridades na entonação e lapsos da fala evocam o interesse do analista a uma dimensão maior do que a "história" na mente do paciente.

Essa perspectiva de escuta analítica reforça veementemente o valor da "associação livre" do paciente. Seus proponentes (Brenner, 1976; Busch, 1997, 2004; Fenichel, 1941; Gray, 1994; Hoffer, 2006; Kris, 1982, 1992) afirmam que, somente seguindo a cadeia de pensamentos do paciente – e os impedimentos à mesma – é possível obter acesso aos significados inconscientes dos conflitos do paciente. Para que se tenha certeza disso, a extensão dos conteúdos abrangidos sob o título de "associação livre" aumentou (ver comentários de Peter Fonagy em McDermott, 2003) ao longo do tempo, passando a incluir imagens visuais (Kanzer, 1958; Warren, 1961), movimentos corporais e mudanças de postura no divã (McLaughlin, 1987, 1992) e até mesmo um convite ocasional para que o paciente desenhe algo que ele ou ela esteja encontrando dificuldades de expressar em palavras (Brakel, 1993; Slap, 1976). Também é pertinente a esse contexto o esclarecimento de Makari e Shapiro (1993) de que a escuta analítica atende às comunicações não linguísticas assim como às sutis categorias linguísticas pertencentes a narratividade, referência simbólica, forma, expressões idiomáticas e convenções de interação. Uma característica inconfundível de um analista que escuta "objetivamente" é a de que ele confia menos na intuição e mais na sua capacidade intelectual, entretanto essa última pode operar "silenciosamente" durante seu trabalho analítico. A metodologia meticulosa de Brenner (1976) para chegar a uma "conjectura" ou a uma "formulação na própria mente do analista do que ele aprendeu sobre os conflitos do paciente" (p. 36) exemplifica tal circunstância. Sem descartar o elemento da apreensão súbita e subjetiva de significados inerentes à comunicação do paciente, Brenner enfatiza o processo passo a passo, lógico e intelectual da formação de conjecturas. Em termos não imprecisos, ele afirma que é "importante manter em mente o conhecimento analítico da formação de sintomas e aplicá-lo na análise de pacientes" (p. 21), e que "o que quer que o paciente relate ou faça deve ser visto da mesma forma, isto é, sob a luz da compreensão do analista acerca da natureza, a origem e as consequências do conflito na vida psíquica" (p. 29).[3] Com essa finalidade, Brenner (2000) – em momento posterior de sua carreira analítica – chegou a sugerir que uma mudança estratégica e seletiva do foco da atenção é mais útil do que a "atenção uniformemente suspensa" (Freud, 1912e, p. 111) na escuta do material analítico.

Gray (1982, 1994) demonstrou um respeito consistente pelos dados obtidos a partir da escuta da associação livre do paciente. O método de escuta sugerido por ele se refere às mudanças de direção, ênfase e nuances no momento a momento da linha de associações do paciente. Presta-se muita atenção a uma pausa, uma mudança abrupta de tópico, a emergência de um afeto incongruente e a uma evitação inexplicada do que é esperado em termos lógicos. Tal "processo de monitoramento próximo" (Gray, 1982) posiciona o ego no centro da técnica psicodinâmica, ajuda a decifrar inclinações transferenciais e facilita a análise da resistência. Busch (1977, 2004) posteriormente aprofundou essa maneira de trabalhar com os pacientes.

Os kleinianos, apesar de se oporem a essa "psicologia do ego" em aspectos teóricos importantes, demonstram igual interesse nas mudanças momento a momento no fluxo e na direção do pensamento do paciente. Entretanto, estes tendem a considerar todas as associações livres como estando relacionadas à transferência (Hinshelwood, 1989; Klein, 1952; Riviere, 1952). Além disso, ao contrário dos psicólogos do ego que têm como foco *o que causa a mudança* no fluxo das associações do paciente, os kleinianos se interessam em *o que é causado pela mudança* no fluxo das associações do paciente. Isto se deve ao fato de os kleinianos considerarem as próprias associações livres como ações.[4]

Escuta subjetiva

Distantes dos analistas que escutam "objetivamente", estão aqueles que se baseiam na sua subjetividade em suas tentativas de compreender o que o paciente está tentando comunicar. Para esses analistas, o entendimento geralmente acontece na forma de inspiração sem (ou com muito pouco) esforço consciente para encaixar os "dois mais dois" da situação. Eles apoiam a declaração de Freud (1912e) de que o inconsciente do analista, se propriamente sintonizado, é diretamente capaz de captar o que o inconsciente do paciente está transmitindo. A advertência de Reik (1937) de que o pensamento lógico consciente é prejudicial à percepção analítica avança nessa linha de pensamento. A afirmação de Isaacs (1939) de que uma conjectura acerca da intenção do paciente é da natureza de uma percepção, também incorpora o espirito de uma forma intuitiva de funcionamento durante a hora clínica. Outra ilustração é formada pela dura declaração de Bion (1967) de que, tendo em vista que "a memória é sempre enganadora... [e] deseja distorcer o julgamento" (p. 271), o melhor é que o analista escute o paciente sem memória e sem desejo. É somente então que a verdade absoluta do momento – "O" na terminologia de Bion (1965, 1967) – ficará evidente. A clareza vívida e repentina levaria então a um "ato de fé" (Bion, 1970), isto é, uma intervenção analítica baseada primariamente na intuição e não na experiência e no conhecimento.

As visões de Jacobs (1973, 1986, 1991, 2007) são menos dramáticas e apresentadas de modo mais sistemático. Ele defende firmemente a contrapartida do analista como a "regra fundamental" (Freud, 1913c, p. 134) para o paciente: a injunção de que o analista deve considerar privadamente tudo que ocorre dentro dele pelo seu potencial valor informativo em termos do paciente e, em termos que está acontecendo entre eles dois. Mais do que qualquer outro analista – com exceção de Searles (1979) talvez, que trabalhou em grande parte com pacientes gravemente doentes e frequentemente psicóticos – Jacobs se embasa em seu estado emocional interno, suas associações passageiras, sua rêverie e, até mesmo, no seu vestuário e nas mudanças posturais, para discernir os eventos que estão ocorrendo entre ele e seu paciente, mas que estão apenas um pouco fora da percepção consciente de ambos. Ele observa que:

> *A maneira pela qual o analista inicia e termina uma sessão; sua postura, seu tônus e expressões faciais quando cumprimenta ou se despede de seu paciente, transmitem*

mensagens cinésicas das quais ele pode estar ou não ciente... Aí está, entretanto, outro aspecto do comportamento não-verbal do analista que tem recebido relativamente pouca ênfase na literatura: os movimentos corporais que acompanham o ato de escutar. Alguns desses movimentos, tais como bater o pé ou uma inquietação motora, podem, através do som, ser transmitidos ao paciente e, de fato, atuar como comunicações conscientes e inconscientes. Por outras vezes, o paciente pode detectar, a partir das pistas acústicas mais suaves, um comportamento ou sentimento não expressado de outra forma por parte do analista (1991, p. 104).

Jacobs prossegue falando de uma "empatia corporal", ou de elevadas catexias do ego corporal que acompanha uma escuta bem sintonizada. As respostas corporais do analista reverberam com a comunicação inconsciente do paciente. Ao prestar atenção à sua própria postura, gestos e movimentos, o analista aprofunda seu conhecimento sobre o paciente (ver Capítulo 4 para mais detalhes). Jacobs questiona se o trabalho com pacientes fisicamente traumatizados é mais frequentemente associado com ressonâncias somáticas no analista. Ele também permite variações individuais nos próprios analistas.

Enquanto parece autoevidente que um analista, enquanto escuta, utiliza todo o seu self no processo, e que os movimentos corporais são parte essencial e necessária do "instrumento analisador", o grau em que as reações corporais estão tanto disponíveis quanto são úteis ao analista diferem inquestionavelmente de indivíduo para indivíduo. Em alguns analistas que hajam tido experi-

ências significativas de doenças ou trauma corporal, ou
que talvez, por outras razões do tipo inato ou vivencial,
tenham um ego corporal altamente catexizado, pode
haver uma capacidade elevada para utilizar respostas
corporais no seu trabalho analítico. Em outros, cujo de-
senvolvimento em diferentes linhas possa ter levado a
um investimento elevado nas esferas visual ou auditiva
ou na formação de fantasias, ou em indivíduos nos quais
as operações defensivas possam ser direcionadas contra
a consciência das sensações corporais, tais experiências
podem desempenhar um papel menor no uso que o ana-
lista faz de si próprio (ibid., p. 116).

Para que não haja a impressão de que com "escutar subjetivamente", Jacobs se refira somente a suas experiências corporais, eu
me apresso a acrescentar que ele cita várias vinhetas clínicas onde
um pensamento passageiro, uma memória da infância, a descoberta de que está usando roupas cujas cores não combinam e, uma
forte, porém inexplicável e repentina, emoção dentro de si mesmo, se tornou uma pista para as mensagens mais profundas que
emanam do paciente. Ele afirma que o contato com tais elementos
da subjetividade do indivíduo "ajudam a iluminar o material pré-
-consciente do paciente que está ascendendo à consciência" (2007,
p. 104). Jacobs (1992, 2007) atribui as origens de seu pensamento
ao conceito de Otto Isakower (1963a, 1963b) de "instrumento analítico". Esse se refere a

uma criação conjunta de paciente e analista. Construí-
do e existente apenas durante a hora analítica, este pode
ser imaginado concretamente como um cérebro conten-
do duas metades. Uma metade pertence ao paciente, a

outra metade ao analista. Na sessão analítica, conforme analista e paciente afrouxa m seus laços com o mundo externo e entram em um estado levemente alterado de consciência – essencialmente uma condição do devaneio – essas duas metades se encontram em uma união temporária, uma ponte é construída, e mensagens inconscientes podem fluir entre eles. Nesse estado mental, o qual deve ser empregado conscientemente pelo analista – e, indiscutivelmente, grande parte em decorrência desse estado mental – é altamente provável que as experiências subjetivas do analista sejam relacionadas de modo importante e significativo com as comunicações do paciente (2007, p. 100).

Outro aspecto que deve ser incluído nessa seção de escuta subjetiva pertence ao conceito de "identificação projetiva" (Klein, 1946). Esse é um processo que se inicia na tenra infância e consiste em partes do *self* rudimentar sendo clivadas e projetadas em um objeto externo. Este objeto externo torna-se então identificado com a parte repudiada, bem como controlado internamente por ela. Apesar de começar como um processo do desenvolvimento paralelo à introjeção, a identificação projetiva pode vir a servir a muitos propósitos defensivos. Estes incluem uma tentativa de fusão com objetos externos a fim de evitar a carga existencial da separação, a extrusão de objetos internos maus que causam ansiedades persecutórias, e a preservação de aspectos bons do *self* depositando-os em outros. Bion (1967) ampliou o conceito de identificação projetiva para incluir o depósito de pensamentos impensáveis ("elementos beta", em sua terminologia) em um outro, receptor, que possa metabolizá-los e devolvê-los ao sujeito aos poucos.

No contexto da situação clínica, o uso de "identificação projetiva" por parte do paciente leva o analista a experimentar o que o paciente não suporta sentir ou pensar. O desenvolvimento frequente de contratransferência violentamente negativa durante o trabalho com pacientes *borderline* foi elucidado por Kernberg (1975, 1984, 1992) detalhadamente; ele também descreveu as estratégias técnicas decorrentes de tais sentimentos. Entretanto, a utilização da identificação projetiva não se limita a pacientes *borderline*. Indivíduos com outros transtornos graves de personalidade também tendem a usar esse mecanismo defensivo. E o seu impacto se revela na subjetividade turbulenta de quem os trata. O analista que trabalha com um paciente narcisista, por exemplo, experimenta sentimentos de inferioridade e até mesmo vergonha (de suas roupas, consultório, habilidades linguísticas, conhecimentos gerais etc.); tais sentimentos não constituem somente as respostas "naturais" à grandiosidade de alguém, mas em um nível mais profundo, refletem uma identificação com as partes carregadas de vergonha, projetadas do paciente. De modo similar, pacientes esquizoides, cujos pais os odiaram friamente e os desejaram "mortos", frequentemente depositam seus aspectos "vivos" no analista, que começa a sentir um aumento na sua vitalidade e benevolência (Kramer & Akhtar, 1988). O analista que "escuta" a si mesmo e presta bastante atenção aos acontecimentos subjetivos em si mesmo pode aprender muito sobre seus pacientes.

Escuta empática

O oposto exato de "identificação projetiva" é a empatia. O primeiro envolve a colocação ativa de algo, pelo paciente, na mente do analista. O segundo envolve a busca ativa do analista de ressoar com a experiência do paciente. Para melhor compreensão, precisamos retornar ao notável artigo de Fliess (1942), "The Metapsychology of the Analyst". Ao apresentar o termo "identificação experimental", Fliess explica o processo pelo qual é possível que alguém entenda o que o outro está, de fato, dizendo. Para empatizar com alguém, se *"introjeta esse objeto transitoriamente e projeta o introjetado novamente sobre o objeto*. Isso, por si só, permite, ao final, uma percepção a partir de um referencial externo e outra a partir de dentro" (p. 212, itálico original). Aplicando esse esquema aos esforços transferenciais do paciente na situação clínica, Fliess descreve:

> As quatro fases seguintes nesse "processo metabólico": (1) o analista é o objeto do esforço; (2) ele se identifica com o sujeito, o paciente; (3) ele se torna o próprio sujeito; (4) ele projeta o esforço, após ter ele próprio o "provado", de volta no paciente e, então, se encontra possuidor do conhecimento interno da sua natureza, tendo, portanto, adquirido o fundamento emocional para sua interpretação (ibid., p. 215).

Fliess permite o espaço para a *rêverie* do próprio analista, porém declara que essa não deve ir além de um "devaneio condicionado", isto é, o devaneio do analista deve ser desencadeado apenas pelo material do paciente, não pelas suas próprias preocupações pessoais. Resoluto quanto a sua atenção às palavras faladas do paciente (e seus afetos associados), ele afirma que o analista "restringe sua vigilância quase que exclusivamente a uma esfera, a da escuta. O olho serve apenas como um acessório ao ouvido; o cheiro é quase, o sentido do tato completamente, excluído, pois ele é recíproco às restrições motoras do paciente" (ibid., p. 216).

Greenson (1960), outro grande colaborador da perspectiva empática na escuta analítica, acrescentou outras nuances ao tópico.

Escutar somente não é suficiente, diz ele. O analista deve possuir a habilidade de fazer regressões controladas e reversíveis em suas funções do ego (ver também Nichols, 2009). Uma descatexização temporária da sua própria autoimagem também é necessária. Somente então será possível mudar "da escuta e observação externas para escutar e sentir a partir de dentro" (p. 420). Greenson atribui as origens da empatia à relação primária mãe-criança e assegura que os analistas do sexo masculino devem estar bem resolvidos com seus "componentes maternais" (p. 422) para que consigam ser verdadeiramente empáticos.

Greenson também discute se a escuta empática – em oposição à, digamos, escuta objetiva – pode promover informações significativas sobre o paciente de forma mais rápida.

> *Empatia e intuição estão relacionadas. Ambas são métodos especiais de obtenção de um entendimento rápido e profundo. O sujeito empatiza para alcançar sentimentos; o sujeito usa a intuição para ter ideias. A empatia está para os afetos e os impulsos, bem como a intuição está para o pensamento. A empatia frequentemente leva à intuição. A reação de "A-há" é intuída. Você chega aos sentimentos e imagens via empatia, mas a intuição desencadeia o sinal no ego analítico de que você lá chegou. A intuição pega as pistas que a empatia reúne. A empatia é essencialmente uma função do ego experimental, enquanto que a intuição se origina do ego analisador (p. 422).*

Ao mesmo tempo em que mostrava grande interesse na perspectiva empática, Greenson manteve, em grande parte, uma abordagem eclética com relação à escuta analítica, movendo-se habilmente entre várias formas de escuta mesmo que sem registrar explicitamente tal latitude. Em contraste, Heinz Kohut e Evelyne Schwaber tornaram a forma empática de escuta a peça central de suas abordagens. Isso reflete o que Strenger (1989) havia definido como "visão romântica" da psicanálise. Fundamentada em grande parte pelo pensamento humanista de Goethe e de Rousseau, tal perspectiva

> vê o homem lutando para se tornar um self coeso. O desenvolvimento visa a um self que consiste em um contínuo fluxo de ambições a ideias, de um senso de vitalidade em direção a objetivos que são vivenciados como valiosos intrinsicamente. O sofrimento mental é o resultado da falha ambiental em preencher a função self-objeto, e os sintomas do paciente são uma tentativa desesperada de preencher o vácuo em seu self deficitário. A atitude do analista com relação ao paciente caracteriza-se por confiança em sua humanidade, tomando o analista o lado da alegria e da vitalidade. A ética é romântica: maturidade e saúde mental consistem na capacidade de manter o entusiasmo e um senso de importância (p. 601).

Tendo isso em vista, voltemos agora às contribuições de Kohut e de Schwaber. Kohut, um freudiano clássico e, muito provavelmente, um "ouvinte objetivo" durante a maior parte do início da sua carreira analítica, fez uma virada dramática no final da década de 1970. Em A Restauração do Self (1977), ele elevou o self a uma constelação superior e diminuiu a importância das pulsões e defesas enquanto originadores do self de seus constituintes. Sua linguagem também mudou. Self grandioso, imago parental idealizada, transferências narcísicas e internalização transmutadora (Kohut, 1971) deram lugar a ideais nucleares, ambições nucleares, inclusão seletiva e fenômenos self-objeto (Kohut, 1977). Para finalizar essa mudança radical, Kohut (1982) declarou que a sua "psicologia do self se libertou das visões distorcidas de homem psicológico apoiadas pela análise tradicional" (p. 402).

Tudo isso teve um impacto claro na perspectiva de escuta que ele passou a seguir. A imersão empática do analista na experiência subjetiva de seu paciente passou a ser a pedra angular de sua técnica. Em uma série de artigos e uma monografia publicada postumamente, Kohut (1979, 1980, 1982, 1984) discorreu acerca da função reparadora da empatia do analista e da necessidade de escutar – exclusivamente – a partir do ponto de vista do paciente. Seu artigo amplamente lido (e comentado),[5] "As Duas Análises do Sr. Z" (Kohut, 1979), apresentou essas ideias em detalhes eloquentes.

A proposta de escutar a partir da perspectiva do paciente encontrou, então, uma ávida advogada em Schwaber. Em contribuições que abrangem três décadas (Schwaber, 1981, 1983, 1995, 1998, 2005, 2007), ela defendeu a causa da escuta empática. Tomando a mudança monumental dos primórdios da psicanálise, da teoria de sedução à neurogênese baseada em fantasias, como seu ponto de partida, Schwaber lamenta que a perspectiva de escuta de muitos analistas não tenha alcançado uma mudança correspondente. Eles não parecem ter atentado para a declaração de Freud (1917) de que "no mundo das neuroses, é a realidade psíquica que é a realidade decisiva" (p. 368, itálico original) e continuaram a conversar com as "falhas de percepção" e "distorções" do paciente – às quais eles, presumidamente, como árbitros superiores da realidade, buscam corrigir. Em contraste, Schwaber propõe um *modo de sintonização que tenta maximizar um foco singular na realidade subjetiva do paciente, buscando todos os sinais possíveis para descobri-la. Em guarda vigilante contra a imposição do ponto de vista do analista, o papel do analista e do ambiente ao redor, como percebido e vivenciado pelo paciente, é reconhecido como intrínseco a essa realidade; o observador é uma parte do campo observado. Como modalidade científica, a empatia emprega nossas capacidades cognitivas, perceptivas, bem como afetivas... A empatia do analista é delineada a partir de modalidades que são componentes significativos dos aspectos essenciais da empatia parental – sintonização com e reconhecimento dos estados perceptivos e vivenciais do outro (1981, p. 378).*

A mudança na perspectiva do escutar a partir de fora para escutar a partir da perspectiva do paciente tem profundas implicações para a visão que o analista tem do paciente e do processo clínico em si.

Transferência, a representação interna do passado amalgamado ao presente, não é, então, vista como uma distorção, pois isto implicaria na existência de uma realidade mais "correta" do que a visão psíquica que o paciente tem de nós, a qual nós, como observadores "externos", poderíamos descobrir. Compreendida como a propriedade do sistema, a experiência psíquica não é separada desse contexto; a "transferência" é inseparável do "real"... Portanto, a realidade, para cada um de nós, representa somente nossa visão psíquica – até

> *de nós mesmos – o conceito de uma certeza alcançável de uma realidade absoluta cognoscível deve ser considerado ilusório, uma perspectiva frequentemente muito difícil de manter, talvez por ser inquietante (Schwaber, 1983, p. 522).*

Schwaber enfatiza que a tarefa do analista é a de buscar o mundo interno do paciente e não há maneira melhor de fazer isso do que escutar a partir da perspectiva do paciente. O analista deve evitar a forclusão, a tentação de guiar e auxiliar o paciente a enxergar "significados ocultos". Seu reconhecimento do estado interno do paciente – o seu "entender" – é suficientemente bom em si próprio. Sentir-se compreendido produz no paciente a capacidade de aumentar a exposição do seu mundo interno e isso, em contrapartida, eleva a coerência psíquica e a organização autorregulatória. "A busca por 'entender' é o caminho e o objetivo que possibilitam a ação terapêutica" (Schwaber, 2007, p. 38).

Nosek (2009) leva esse discurso a um nível mais elevado, na plenária para o 45º Congresso da IPA, realizado em Chicago, Illinois. Propôs que a interpretação é, no final, uma forma de violência psíquica, e a psicanálise trata-se essencialmente de auxiliar o paciente a revelar-se a si mesmo e ao analista. Nosek detalha essa reformulação radical dos fundamentos da nossa técnica na seguinte passagem.

> *Se estivermos preparados para renunciar à violência do conhecimento, se não estivermos incitados pela urgência da ontologia e pelo poder do positivismo, encontraremos o território da hospitalidade: isso significa receber o estrangeiro tal como o é, permitindo-lhe sua existência. Esse gesto, configurado como bondade, não me enobrece*

ou exalta; seu caráter provém do infinito para ser recebido, desvendando minhas possibilidades... Para nós, psicanalistas, essa é uma reflexão hierárquica radical: a psicanálise não mais é uma cura pela fala, mas uma cura pela escuta (p. 145).[6]

Escuta intersubjetiva

Essa perspectiva deriva-se da visão interpessoal de psicanálise de Harry Stack Sullivan (1947, 1953), que declara que o *self* não é nada além de uma coleção de avaliações reflexivas e que a ansiedade somente pode ocorrer em um contexto interpessoal. Como resultado, a escuta intersubjetiva tem sua fundamentação teórica baseada em três pontos: (i) o trabalho clínico como imerso no interjogo dinâmico entre dois selves, (ii) todo o material analítico (incluindo transferência e contratransferência) é coconstruído, e (iii) a escuta analítica é um processo compartilhado. Um desafio para a orientação científica positivista da análise "clássica", o paradigma intersubjetivo propõe que nenhum fenômeno mental pode ser propriamente entendido se abordado como entidade existente solipsisticamente na mente do paciente. A percepção do analista sobre os pensamentos, sentimentos, fantasias etc, do paciente, é sempre moldada pela subjetividade do analista. Portanto, a psicologia do paciente – o "material" para análise – é ele próprio coconstruído.

Os clínicos intersubjetivistas (Benjamin, 1995, 2004, 2007; Hoffman, 1991; Ogden, 1992, 1994; Spezzano, 1993; Stolorow, Brandchaft & Atwood, 1987, 1992) consideram que seu método reflete mais verdadeiramente a natureza da psicologia humana; é menos mecanicista e menos provável que materialize a vida mental. Eles veem o processo clínico como um interjogo dialético entre a realidade subjetiva do paciente e a realidade subjetiva do analista, bem com a interação entre essas duas realidades psíquicas com a realidade intersubjetiva que eles criam em conjunto. Esses analistas enfatizam a escuta recíproca, isto é, como o analista está ouvindo o paciente *e* como o paciente está registrando (e interpretando) o que o analista está dizendo, *e* como isso altera o que o analista diria em seguida e, assim por diante. É aqui que entra o conceito de Ogden (1994) de "terceiro analítico". Esse termo refere-se à experiência intersubjetiva que é produto de uma dialética única gerada entre as subjetividades individuais do analista e do analisando, no contexto analítico. O "terceiro analítico" não é uma estrutura na medida em que é sempre fresco, sendo criado, destruído e recriado a cada momento da hora clínica. Há mais aqui para se considerar. "O terceiro analítico é uma criação do analista e do analisando e, ao mesmo tempo, o analista e o analisando (enquanto analista e analisando) são criados pelo terceiro analítico" (ibid., p. 93). Isso afeta a forma como se vê o próprio processo analítico. De acordo com Ogden:

> *A análise não é simplesmente um método de descoberta do oculto; é principalmente um processo de criação de um sujeito analítico que não existia antes. Por exemplo, a história do analisando não é descoberta, ela é criada na transferência-contratransferência, num fluxo perpétuo em que a intersubjetividade do processo analítico evolui e é interpretada pelo analista e pelo analisando (ver Schafer, 1976, 1978). Desta forma, o sujeito analítico é "criado por", e existe em permanente evolução na intersubjetividade dinâmica do processo analítico: o sujeito da psicanálise toma forma no espaço interpretativo entre analista e analisando (ibid., p. 47, destaque original).*

A perspectiva intersubjetiva se refere ao estado afetivo do analista como uma força construtiva ativa da transferência e contratransferência. Não é mera resposta ao material do paciente, mas uma cocriação dos dois membros da díade clínica. Considerando todas as comunicações de cada parceiro como designadas para produzir respostas no outro, a abordagem intersubjetiva remonta à curiosidade primitiva da criança sobre (e o desejo de conectar-se com) os sentimentos da mãe; isto é visto se repetindo na forma da curiosidade do analisando sobre o analista. Aron (1991) e Mitchell (1991) argumentam contra a consideração dessas curiosidades como baseadas em pulsões. Tais interpretações, de acordo com eles, frustram os esforços desenvolvimentais do paciente.

Benjamin (2004, 2007) aprofunda o conceito de "terceiro analítico", delineando três subcategorias: (i) "terceiro primordial", que emana da troca rítmica ou musical de sons e gestos no relacionamento mãe-criança e que, aparece na situação analítica como acomodação, sintonização e regularidade da relação diádica, (ii) "terceiro simbólico", que envolve procedimentos e expectativas mais sutis de um reconhecimento narrativo de estar separado, e negociação, e (iii) "terceiro moral", os princípios sobre o quais concordou-se em "valorização da verdade, esforço para a acomodação, responsabilidade e respeito pelo outro, e fé no processo de ruptura e reparação" (2007, p. 99). Esse último princípio requer que o analista escute a si mesmo com mais cuidado e tente descobrir como ele pode estar contribuindo para a disrupção do diálogo clínico em qualquer momento determinado. A escuta analítica é idealmente direcionada de forma igualitária à subjetividade do paciente, à subjetividade do analista e, à intersubjetividade que eles criam em conjunto. De fato, as duas primeiras designações são inerentemente suspeitas, visto que o "terceiro" as cria enquanto também é criado por elas. Em essência, nada pode ser escutado sem levar-se em consideração o impacto do relacionamento entre analista e paciente.

Unindo os quatro modelos

Parece desejável – de fato, tentador – fazer uma combinação perfeita dos quatro modelos de escuta analítica descritos aqui. Uma síntese de tal elegância iria reduzir a ambiguidade teórica e a necessidade técnica de se fazer escolhas e exercitar o julgamento. Entretanto, esse pastiche conceitual – presumindo que essa união fosse possível – carrega o risco de simplificar demais tanto no plano teórico quanto no plano clínico. Portanto, é melhor não forçar uma união e, em vez disso, permitir que os modelos permaneçam onde estão sem desvalorizar a harmonia e confluência potenciais entre eles. Ao começar dessa forma, pode-se acabar até descobrindo algum padrão unificante mais profundo. Primeiramente, contudo, consideremos os seguintes pontos sobre esses modelos.

- Os quatro modelos não precisam apenas de um espaço próprio no senso externo de mundo, mas também do "*setting* analítico interno*" (Parsons, 2007) para seu desdobramento ótimo. Esse último conceito refere-se a "arena psíquica na qual a realidade é definida por conceitos como simbolismo, fantasia, transferência, e significado inconsciente... O *setting* interno define e protege uma área da mente do analista onde o que quer que aconteça, inclusive no *setting* externo, pode ser considerado a partir de um ponto de vista psicanalítico" (p. 1443).

- Os quatro modelos apresentam áreas de sobreposição. A "escuta objetiva", por exemplo, pode levar a um grande senso de empatia com o paciente e, de forma contrária, a "escuta empática" pode se beneficiar do registro objetivo de cada faceta da narrativa do paciente. A "escuta subjetiva" parece um componente essencial da "escuta intersubjetiva". Além disso, esta última requer, na verdade, certa objetividade para que seja verdadeiramente abrangente. Smith (1999) observa que "tanto a subjetividade como a objetividade são caminhos necessários para o conhecimento, dependentes um do outro. Qualquer forma de olhar ou escutar impede, em algum grau, outras formas, mas falar de uma perspectiva exclusivamente subjetiva ou objetiva representa uma regressão do pensamento a um objetivismo ingênuo ou subjetivismo ingênuo" (p. 465).

- Os quatro modelos descritos aqui podem não abranger todas as formas de escuta utilizadas pelos analistas. Podem existir formas híbridas que utilizem uma combinação dessas abordagens. A forma de escuta recomendada por Arlow (1995) é um excelente exemplo disso. Por um lado, seu princípio básico é que o analista deve demonstrar ao paciente "como as experiências atuais podem ser mal interpretadas em termos de derivados de fantasias inconscientes persistentes do passado" (p. 221). Isso é característico da "escuta objetiva". Por outro lado, Arlow recomenda que o analista deve "tentar entender a mensagem por trás das produções manifestas... [e] estar alerta ao fio conector que segue as produções do paciente" (p. 222). Isso se aproxima mais da "escuta empática". Aprofundando um pouco mais, Arlow ressalta que o analista deve observar o impacto de suas afirmativas sobre o paciente, e que "o próprio intercâmbio é objeto de exame e interpretação" (p. 229), aproximando-se, portanto, da perspectiva intersubjetiva descrita. Arlow não está sozinho na aplicação de tais formas híbridas de escuta. Gill (1979, 1994), com sua ênfase dupla sobre a interpretação da transferência e a necessidade de reconhecer a plausibilidade das percepções do paciente, também parece combinar as abordagens "objetiva" e "intersubjetiva" de escuta. Em suas recomendações técnicas sobre os *enactments*, Boesky (1990) também combina as abordagens "objetiva" e "intersubjetiva".

- Os quatro modelos de escuta originam diferentes questões na mente do analista.[7] A "escuta objetiva" direciona a atenção para a sintaxe, mudanças na direção associativa, parapraxias, e assim por diante. A "escuta subjetiva" intensifica a vigilância quanto à experiência contratransferencial. A "escuta empática" facilita um alcance mais profundo da narrativa do paciente, especialmente dos aspectos conscientes e pré-conscientes. A "escuta intersubjetiva" estimula a curiosidade acerca da influência que têm os dois parceiros um sobre o outro e sobre sua própria mutualidade.

- Os quatro modelos de escuta estão implícitos na sábia recomendação de Schlesinger (2003), de que o analista deve aprender a escutar de várias formas ao mesmo tempo. Essas incluem: (i) escutar contextualmente, ou levando em consideração a história do paciente, o curso do tratamento até o momento e as realidades da vida atual do paciente, (ii) escutar ingenuamente e sem preconcepções, (iii) escutar o objetivo ao invés de somente o conteúdo, (iv) escutar empaticamente, e (v) escutar sob a luz da transferência e contratransferência.

- Os quatro modelos de escuta produzem diferentes tipos de dados, os quais, trabalhando em uníssono, podem elevar o entendimento sobre o paciente. Da mesma forma, Spencer e Balter (1990) sublinham a complementariedade dos modos "introspectivo" e "comportamental" de observação em psicanálise. No primeiro, o analista coloca a si próprio na posição do analisando e origina entendimento clínico a partir da perspectiva do segundo. No segundo, o analista adota a "visão de espectador, sem consideração com os pensamentos ou sentimentos do sujeito" (p. 402). Os dois métodos, frequentemente produzindo diferentes conjuntos de informação, modificam um ao outro visando aprofundar a compreensão sobre o funcionamento mental do analisando.

Esse último ponto pode se tornar o trampolim para uma síntese, no final das contas. Talvez os modelos de escuta "objetiva" (em maior grau) e "intersubjetiva" (em menor grau) constituam o que Killingmo (1989) chamou de "escuta cética" e as formas de escuta "empática" e "subjetiva" constituam o que ele denominou de escuta "crédula". A "escuta crédula" foca no *que* o paciente está dizendo, enquanto a "escuta cética" foca em *como* o paciente está dizendo o que ele está dizendo. O analista que estiver escutando de forma crédula presta bastante atenção às preocupações e queixas do paciente; ele as considera significativas em seu próprio direito e não se apressa em desmascarar seus significados. O analista que escuta de forma cética está sintonizado com o que está oculto sob o conteúdo manifesto do paciente; ele afasta-se do que está na superfície e deseja que ambas as partes na situação clínica possam aprofundar sua investigação. Klauber captou as implicações dessa diferença na seguinte breve passagem.

> *O grau em que a análise dos comportamentos conscientes e pré-conscientes deve ser permitida na discussão dos problemas do paciente depende da orientação teórica do psicanalista. Para aqueles analistas para quem a interpretação é orientada ao ego, parece inevitável para a clarificação precisa do conflito inconsciente que os derivativos conscientes e pré-conscientes do inconsciente possam ser completamente explorados. Outros psicanalistas poderão contestar a adequação da discussão dos problemas do paciente – o que alguns analistas aprovam – e considerar esta como uma degradação da técnica psicanalítica (1968, p. 137).*

Em contraste com essa última afirmativa, Schlesinger diz o seguinte acerca da tensão existente entre escutar a superfície e a profundidade do material do paciente.

O que é predominantemente inconsciente e determinante no momento, mesmo que possa derivar em última análise de fontes distantes da consciência, será geralmente representado em manifestações mais superficiais que são acessíveis ao observador experiente (2003, p. 118).

Isso reforça a importância de se escutar de forma crédula. O fato é que tal escuta ajuda a estabelecer um senso de mutualidade e de "estar na mesma página". Isso fornece um breve olhar sobre o funcionamento egoico do paciente no mundo externo e dos aspectos que o preocupam, mesmo que eles sejam escolhidos devido ao seu significado em termos de conflito inconsciente. Essa atenção a um "material superficial" também sinaliza as transferências que estão por se desdobrar ou que já estão ocorrendo. Em contraste, a escuta cética é essencialmente desconstrutiva em sua natureza. Ela consiste nos seguintes aspectos.

- Escutar as *omissões* na narrativa (por exemplo, um indivíduo fala detalhadamente sobre uma casa que está comprando e nunca menciona seu preço; uma mulher que fala sobre seu namorado e omite seu nome) ajuda a discernir áreas de ansiedade e resistências transferenciais.

- Escutar os *atos falhos*, e *as falhas de pronúncia* que não estão baseadas no desconhecimento da linguagem, e outras *gafes verbais* do paciente, também fornece acesso ao seu funcionamento inconsciente naquele momento.

- Escutar as *entonações e pontos de ênfase* (por exemplo, "*Tudo que eu quero do meu marido é um pouco de atenção*", "Eu *realmente* amo a minha mãe") produz informações úteis com relação aos estilos caracterológicos e autoenganos que os indivíduos são geralmente compelidos a empregar.

- Escutar *pausas* também pode ser informativo (ver Capítulo 2 para mais detalhes). Frequentemente, a oração da frase adicionada após uma pausa acaba por ser defensiva contra a ansiedade incitada pela primeira parte da frase (por exemplo, "Às vezes eu penso em cometer suicídio" seguido de uma pausa e então a oração, "Bem, na verdade não").

- Escutar *negações e rejeições não solicitadas* revela o conteúdo angustiante mais profundo (por exemplo, "A última pessoa que me vem à mente nessa associação é o meu pai", "Veja, eu não estou competindo com você").

- Escutar os *suspiros e grunhidos* do paciente permite acesso a áreas de dor, ansiedade e resistência. Atenção a tais sinais sonoros produz dados ainda mais ricos quando um olhar também é captado nos movimentos corporais do paciente durante a sessão (McLaughlin, 1992).

Os protótipos derivados do desenvolvimento dos estilos de escuta "crédula" e "cética" são divergentes (ver a seguir). E o mesmo pode ser aplicado aos quatro modelos delineados aqui. A "escuta objetiva" parece de natureza mais paternal e a "escuta empática" de natureza mais maternal. A "escuta subjetiva" e a "escuta intersubjetiva" residem entre esses dois polos, sendo, a primeira, mais próxima do espectro paternal e, a segunda, mais próxima do polo maternal do relacionamento espectral. De fato, os proponentes dos modelos de escuta "empática", "subjetiva" e "intersubjetiva" relacionam seu estilo de sintonização com a atenção primária da mãe a seu filho. Schwaber (1981, 1983), Jacobs (1991) e Ogden (1994) evocam as observações de Sander (1975), Burlingham (1967) e Winnicott (1953), respectivamente, para esse propósito. Curiosamente, ninguém menciona o diálogo pai-filho como um protótipo para escuta em psicanálise, ainda que os ecos desse relacionamento sejam discerníveis no modelo de "escuta objetiva". Essa abordagem unilateral é retificada no modelo desenvolvimental descrito a seguir.

Um pós-escrito desenvolvimental

As polaridades técnicas de escuta crédula versus escuta cética parecem ter seus respectivos protótipos desenvolvimentais nos estilos materno e paterno de relacionamento com seus filhos pequenos. A elucidação de Herzog (1984) da sintonização "homeostática" e "disruptiva" dos pais com seus filhos em desenvolvimento é especialmente esclarecedora nesse contexto. Através de estudos observacionais com crianças, por videomonitoramento, Herzog demonstrou que as mães geralmente se unem a seus filhos em suas brincadeiras, dando a criança, portanto, uma "continuidade de ser" (Winnicott, 1965, p. 54), validade e harmonia com o ambiente ("sintonização homeostática"). Os pais, ao contrário, caracteristicamente perturbam o equilíbrio da criança que brinca ao persuadi-lo a unir-*se a eles* em uma nova atividade ("sintonização disruptiva"). A sintonização homeostática possui qualidades afirmativas necessárias para a manutenção e consolidação da experiência do *self*. A sintonização disruptiva possui qualidades reforçadoras necessárias para a ampliação e o aprofundamento da experiência do *self*. A influência dos dois tipos de sintonização é aditiva e contribui para a solidez fluída de uma experiência do *self* saudável. Herzog observou ainda que os pais distraem a criança do jogo apenas quando a mãe está com a criança. Na ausência dela, e especialmente no caso de crianças pequenas, os pais, também, começam a jogar a brincadeira da criança (isto é, utilizam sintonização homeostática). Isso sugere que a sintonização homeostática é um pré-requisito experimental para a sintonização disruptiva.

Extrapolando essas observações desenvolvimentais para a situação clínica, sugere-se o seguinte. A escuta crédula do analista, junto com seu *holding* (Winnicott, 1960a) e as intervenções "afirmativas" (Killingmo, 1989) são análogos a "sintonização homeostática" materna, porquanto esses, também, visam validar, fortalecer e estabilizar a experiência do *self*. O ceticismo do analista com relação ao material consciente do paciente e suas atividades interpretativas reveladoras parecem análogos a "sintonização disruptiva" paterna, visto que causam uma expansão cognitiva pela introdução de novo material à percepção do paciente.

A conclusão de Herzog de que a sintonização homeostática é um pré-requisito para a sintonização disruptiva também encontra paralelo na situação clínica, onde o *holding* e as funções afirmativas (isto é, homeostáticas) do analista devem ser seguramente precisos para que seus esforços interpretativos (isto é, disruptivos) sejam frutíferos. O senso interno de relacionamento analítico, por parte do paciente, deve ser estável (ou deve ser estabilizado) para que ele ou ela utilize o impacto desestabilizador da interpretação, o qual, por definição, acrescenta algo novo à atenção do paciente. O paciente deve possuir ou ser auxiliado a possuir um "sentimento de segurança" (Sandler, 1960, p. 4) ante ao risco de encontrar os aspectos repudiados da sua experiência do *self*. Expressando-se em uma metáfora desenvolvimental, o exercício, por parte do analista, das funções maternas parece ser um pré-requisito para que ele ou ela exerça as funções paternas. Em termos clínicos, isso quer dizer que a escuta crédula deve preparar o terreno para a escuta cética.

Ao designar tais intervenções maternas e paternas como "dois polos da técnica terapêutica", Wright remete suas respectivas origens a Freud e Winnicott.

Freud, parece-me, baseia-se no pai com suas censuras e proibições. Winnicott baseia- se na mãe e em seu cuidado, carinho e amor. Freud é o mediador do princípio de realidade ao qual a criança deve se adaptar; Winnicott é o protetor de um espaço mais gentil, mais indulgente, o qual mantém a realidade, em algum grau, à margem (1991, p. 280).

Na visão de Wright, a análise envolve uma renovação do processo de formação psíquica. Ela fornece o espaço no qual novas formas ou símbolos do *self* podem ser criados. Entretanto, para que símbolos completamente independentes e representativos, bem como símbolos menos distintos e icônicos do discurso humano, emerjam, sejam compreendidos e integrados, a técnica analítica requer tanto elementos maternos como elementos paternos. O elemento materno (*holding*, facilitação, capacitação e sobrevivência) "supõe fé no processo de fundo. As coisas irão acontecer se você esperar" (p. 283). O elemento paterno (busca, confrontação, descobrimento e interpretação) subjaz ao ceticismo do analista, suas lutas com as resistências do paciente, seus confrontos com o turbulento mundo do conflito intrapsíquico. Wright prossegue sugerindo que os dois modos de intervenção podem ser apropriados em momentos diferentes, e acolher diferentes modos de simbolização. A escuta analítica não é estática e muda de acordo com o nível estrutural do paciente em um determinado momento (Killingmo, 1989), seu grau de organização psíquica geral (Wright, 1991) e seu tom e direção da associação livre, os quais estão sempre mudando (Miller & Aisentein, 2004).

Em geral, o *holding* materno dos elementos fisicamente banidos deve preceder um olhar significativo sobre eles, visando uma autocompreensão mais profunda. O *"holding* continente" é uma condição prioritária para o "olhar transformador" (Wright, 1991, p. 300). Além disso, os elementos maternos e paternos da técnica "oferecem um ponto e contraponto na análise entre dois estilos e duas visões e nenhuma vence completamente" (ibid., p. 280). Também é importante lembrar que tais atributos maternos e paternos não são baseados, de forma literal, em gênero. Existem analistas homens que parecem mais maternais e analistas mulheres que parecem mais paternais em sua técnica. Ao mesmo tempo, é verdade que muitos analistas, independente de gênero, possuem ambos os atributos e esforçam-se para incorporá-los em suas abordagens técnicas.

A união, feita por Wright, da dissidência técnica entre Freud e Winnicott, parece fundamentar-se perfeitamente nas observações desenvolvimentais de Herzog (1984). Ao final, tudo se refere a estabelecer um acordo antes de discordar, consolidar antes de descontruir, ter empatia antes do insight, afirmar antes de interpretar, e ser "mãe" antes de ser "pai", ao mesmo tempo em que se reconhece que *ambas* as experiências são necessárias no tratamento psicanalítico, visto que estão no curso do desenvolvimento.

Observações finais

Após as recomendações fundamentais de Freud (1912e) sobre a escuta analítica, um silêncio prolongado desenvolveu-se acerca do assunto. Livros-texto de psicanálise (Moore & Fine, 1995; Nersessian & Kopf, 1996; Person, Cooper, & Gabbard, 2005) e monografias dedicadas à técnica psicanalítica (Etchegoyen, 2005; Fenichel, 1941; Greenson, 1967; Volkan, 2010) publicados ao longo dos anos subsequentes, falaram muito pouco acerca da natureza da escuta analítica. A base web da PEP (*Psychoanalytic Eletronic Publishing*)[8] revela que todos os 28 trabalhos com as palavras "escuta analítica" em seu título foram publicados após 1980, ou quase sete décadas após Freud enunciar suas visões a respeito do tema. As razões para o longo silêncio e para o repentino interesse não estão claras. A dificuldade em sair da sombra do mestre e o crescente pluralismo teórico na psicanálise podem ser, respectivamente, os responsáveis por estas.

Ao reunir a literatura pertinente que emergiu sobre o tema, descrevi quatro modelos de escuta analítica, a saber, (i) escuta objetiva, (ii) escuta subjetiva, (iii) escuta empática, e (iv) escuta intersubjetiva. Cada qual com tem seus embasamentos teóricos e suas produções técnicas. Após elucidar essas questões, tentei discernir as áreas de sobreposição nesses modelos e também observei algumas formas híbridas que podem facilmente cair entre fendas partidárias. Também estabeleci os protótipos desenvolvimentais de várias formas de escuta e relacionei a dicotomia "escuta crédula/intervenção afirmativa" e "escuta cética/intervenção interpretativa" da técnica analítica, com as formas materna e paterna, respectivamente, de relacionamento com a criança. Sem premiar nenhuma delas e destacando a utilidade de ambas, optei por uma técnica que oscila, de maneira informada, entre os dois polos desse espectro desenvolvimental-clínico (para maiores detalhes, ver Akhtar, 2000). Uma combinação ótima dos dois é o que torna a escuta analítica propriamente sintonizada e verdadeiramente útil para o paciente. Tal escuta é direcionada às palavras bem como às comunicações não verbais e silêncios do paciente.

Notas

1. Por vezes, é necessário um esforço maior para ouvir profundamente, devido à natureza da psicopatologia do paciente. As recomendações de Ferenczi (1929) para lidar com pessoas que, quando crianças, foram rejeitadas ou odiadas, são pertinentes nesse contexto. Gammil (1980) também observa que no manejo com pacientes esquizoides, "uma atenção maior era necessária para captar até mesmo as mais tênues indicações de afeto e do material associado com o que resta de [um] *self* autêntico e pessoal" (p. 376).

2. Os analistas também variam suas escolhas dos "recursos de escuta", das coisas ou atividades que ancoram sua mente em um lugar e então permitem atenção livremente flutuante ao material do paciente. Alguns analistas tomam notas. Outros fazem rabiscos ou desenham. Alguns (principalmente fora dos Estados Unidos) fumam cigarros ou charutos. Outros tricotam ou fazem crochê. Alguns analistas posicionam suas poltronas de forma a poder ver o rosto do paciente. Outros fecham seus olhos. Alguns poucos têm seus cães e gatos presentes durante a hora analítica. E assim por diante.

3. Meissner (2000) também observa que a escuta analítica não é ingênua, mas sim, preparada e focada. Ele diz que "escutar os modelos teóricos ao invés de escutar o paciente é obviamente ouvir mal... ou melhor, 'escutar mal'; mas ao mesmo tempo, a escuta é parcial por meio de tais modelos, e não pode ocorrer sem eles. Se os modelos teóricos têm suas limitações, também as tem a aceitação ingênua ou descuidada do ponto de vista do paciente" (p. 325).

4. O fato de que Klein (1926) considerava a brincadeira da criança como equivalente à associação livre do adulto é mais conhecido do que o fato de ela considerar o oposto como também verdadeiro.

5. Muitos (por exemplo, Cocks, 1994; Giovacchini, 2000) acreditam que o Sr. Z era na verdade o próprio Kohut e, que o que ele relatava como duas análises eram na verdade reflexões acerca de sua análise e sua compreensão autogerada.

6. Eu usei previamente (Akhtar, 2007) o termo "cura pela escuta", mas, de forma mais modesta, sugeri que a psicanálise é uma cura tanto pela fala quanto pela escuta.

7. Isso se assemelha às "quatro psicologias da psicanálise" de Pine (1998). Essas perspectivas conceptualmente distintas incluem os conceitos de pulsões, ego, relações objetais, e *self*. Elas se sobrepõem, mas cada qual acrescenta algo diferente para a compreensão do desenvolvimento, psicopatologia e técnica.

8. O arquivo da PEP (1871-2008) contém o texto completo de quarenta e seis periódicos premiados em psicanálise, setenta livros clássicos de psicanálise, e o texto completo e as notas editoriais dos vinte e quatro volumes da *Standard Edition*, bem como os dezoito volumes do alemão *Gesammelte Werk*. O arquivo da PEP abrange 137 anos de publicações e contém o texto completo de artigos originados de 1871 a 2008. Há aproximadamente 75.000 artigos e 8.278 figuras que originalmente compunham os 1.449 volumes de um total de mais de *650.000 páginas impressas.*

2. Escutando o silêncio

O silêncio é ubíquo ao diálogo humano e, portanto, está destinado a aparecer também na troca analítica.[1] Tendo atraído consistentemente a atenção de poetas e filósofos (ocidentais e orientais), o silêncio se provou um tópico curioso e uma potencial chave para o conhecimento. E, tanto a curiosidade quanto o conhecimento têm profunda importância para a psicanálise. A relevância do silêncio na psicanálise torna-se inconfundivelmente clara quando se considera que o silêncio entre dois (ou mais) seres humanos, pode significar uma vasta amplitude de sentimentos e configurações psíquicas. Zeligs observa que o silêncio pode comunicar:

[...] acordo, desacordo, prazer, desprazer, medo, raiva ou tranquilidade. O silêncio poderia ser um sinal de satisfação, de mútua compreensão, e compaixão. Ou, pode indicar um vazio e uma completa ausência de afeto. O silêncio humano pode irradiar calor ou causar calafrio. Em um momento, ele pode ser laudatório e aceitador; no próximo, ele pode ser cortante e desdenhoso. O silêncio pode expressar graça, presunção, vaidade, taciturnidade ou humildade. O silêncio pode significar sim ou não. Ele pode ser dar ou receber, ser direcionado a objetos ou narcísico. O silêncio pode ser o sinal de derrota ou a máscara da maestria. Quando situações de vida e morte estão sendo vividas, há pouca ocasião para as palavras. O silêncio pode ser discreto ou indiscreto. Um silêncio cuidadoso serve para prevenir a expressão de pensamentos e sentimentos inapropriados (1961, pp. 8-9).

Embora modesto frente a tal eloquência, desejo prosseguir e oferecer algumas compreensões mais profundas com relação ao silêncio, especialmente do modo como este aparece na situação clínica. Começarei delineando oito tipos de silêncio, juntamente com uma "tradução" dos cenários pulsionais e objetais associados com cada um destes. Em seguida, farei uma breve incursão ao domínio sociocultural e elucidarei uma variedade de silêncios encontrados nesse contexto. Então, retornarei à arena clínica, onde destaco as várias funções do silêncio do paciente e as estratégias técnicas que são úteis para o manejo destes. Também comentarei sobre o impacto positivo e negativo do silêncio do analista sobre o processo clínico. Em seguida, discutirei o conceito de "silêncio mútuo" durante o trabalho clínico. Concluirei resumindo esse material e sugerindo questões relacionadas a aspectos do silêncio que podem, ainda, estar além do nosso alcance e permanecer intocados por nossos tropeços verbais.

Variedades do silêncio

Embora ciente de que as categorias de silêncio que estou prestes a propor podem não ser completamente exclusivas uma da outra e nem abranger exaustivamente os fenômenos sob investigação, considero, contudo, heurística e tecnicamente útil visualizar o silêncio conforme a seguinte tipologia.

Silêncio estrutural

Tendo em vista que "estrutura" implica meramente um conjunto relativamente previsível e recorrente de processos, é tanto intrigante quanto compreensível que se fale em "silêncio estrutural". É intrigante pela questão de como algo pode tornar-se organizado se está quieto e não foi mentalizado adequadamente. É compreensível porque existem aspectos mentais que são inteiramente orientados pelo processo e não baseados no conteúdo. Uma ilustração disso é o conceito de Winnicott (1960a) de "*self* verdadeiro". Denotando "continuidade de ser" (Winnicott, 1956) e a continuidade psicossomática não pensada de existência, o "*self* verdadeiro" é indescritível. Este reflete viver de forma autêntica com uma corporalidade suave e uma vida psíquica desimpedida (ambas operando em uníssono harmonioso); de fato, a essência do *self* verdadeiro é "*incomunicável*" (Winnicott, 1963, p. 187).

Outra ilustração de "silêncio estrutural" ou estruturas silenciosas é constituída pela "área de criação" (Balint, 1968). Nesse domínio da experiência psíquica, não há objeto externo ou interno presente. "O sujeito está sozinho e a sua preocupação principal é a de produzir algo fora de si mesmo; este algo a ser produzido pode ser um objeto, mas não necessariamente o é" (p. 24) Além da criação artística, matemática e filosofia, essa esfera mental inclui "entender algo ou alguém e, por último, mas não menos importante, dois fenômenos fundamentais: as fases iniciais de ficar – corporal ou mentalmente – 'doente' e a recuperação espontânea dessa 'doença'" (p. 24). Mesmo quando o sujeito está sem um objeto, ele não está inteiramente sozinho. Muito provavelmente, ele está acompanhado de "pré-objetos", pequenos fragmentos de representação não-*self* que só se solidificam em objetos tratados após muito trabalho pré-consciente. Por vezes, a "área de criação" aparece na situação clínica quando o paciente está em silêncio e pensativo. Esse paciente pode não estar correndo "para longe" de conteúdos mentais perturbadores, mas correndo "em direção" ao estado de possuir conteúdo mental tangível. Esse tipo de silêncio não necessita ser rompido por uma "intervenção"; o analista deve esperar pacientemente até que o paciente "retorne" de sua *rêverie* com uma "solução" para seu infortúnio momentâneo.

Um terceiro exemplo de "silêncio estruturado" é constituído pelo material psíquico sob o domínio da "repressão primal" (Breuer & Freud, 1895d). Há pouca representação pré-consciente do material sob "repressão primal" e, o prefixo "primal" (ao invés de "primário") ressalta não somente a natureza primária, mas a natureza ubíqua do fenômeno na experiência humana. A "repressão primal" é associada com o período não verbal da infância; esses elementos não podem ser verbalmente relembrados, apenas revividos. Na terminologia de Frank (1969), esse é o substrato "que não pode ser lembrado e inesquecível" (p. 48) da psique humana.

Silêncio não mentalizado

Bion (1962a, 1962b) e, mais recentemente, por Fonagy e Target (1997), mostram-nos a necessidade de um processamento materno do material psíquico espontâneo da criança. Mesmo que seja um material psíquico "impensável" e incoerente, que, ao coerir originará pensamentos inteligíveis, autossustentáveis.

Nos termos de Bion, isso significa tornar elementos beta em elementos alfa ou sensações afetivas vagas e incompreensíveis em narrativas formadas sob as quais se pode refletir. É essa atitude materna que confere, em última instância, a dádiva que é a habilidade de se pensar sobre os acontecimentos mentais. Na sua ausência ou limitação pronunciada – como no caso de uma "mãe morta" (Green, 1983) – a criança cresce e se torna um indivíduo com pouco a dizer em resposta aos pensamentos dos outros e, até mesmo, como continuidade da sua própria espontaneidade inescapável. Em situações clínicas, vemos tais indivíduos interromper suas incursões hesitantes à associação livre com exasperados "de qualquer forma", "então é isso", "Eu não tenho nada mais a falar sobre isso", seguidos de um suspiro. É como se eles tivessem ficado sem ideias e estivessem encarando – confusos e perdidos – o abismo da ausência de palavras. Estratégias de intervenção com tais pacientes fracassam se o seu "silêncio" for considerado resistência. É mais produtivo encorajá-los gentilmente a "pensar" mais. O analista, por exemplo, pode dizer a tal paciente "Da próxima vez, ao invés de dizer que 'eu não tenho mais nada a falar sobre isso', tente dizer 'não tem mais nada que *eu saiba* sobre isso'," ou "Da próxima vez em que você suspirar, prestes a terminar o que estiver falando, e disser 'de qualquer forma' e então mudar de assunto, tente dizer 'eu estava prestes a dizer de qualquer forma, mas tentarei prosseguir e ver o que mais – mesmo que não pareça relacionado ao assunto – pode me vir à mente'." Tais medidas "educativas" comunicam ao paciente que o analista não está apenas interessado nas áreas não minadas (leia-se não visadas) de seu campo mental, mas que acredita genuinamente que o paciente possa desenvolver a habilidade de olhar ele próprio para esse domínio.[2]

Silêncio defensivo

Esse é o tipo de silêncio mais reconhecido em termos da psicanálise clínica. Esse silêncio pode aparecer espontaneamente e é, então, uma resposta à emergência de desejos e fantasias inaceitáveis no paciente. Ele serve para manter à distância essas pulsões, diretivas pulsionais e os desejos transferenciais consequentes sobre elas, que são sentidos como moralmente repugnantes ou embaraçosos pelo paciente. Por exemplo, um paciente que está falando sobre seu objetivo de ser bem-sucedido e famoso pode, de repente, parar de falar. A ansiedade toma conta e sua habilidade de associar livremente fica temporariamente comprometida. Ele parece ter perdido sua linha de raciocínio. Um encorajamento gentil, juntamente com alguma "análise da defesa" (A. Freud, 1936) pode resultar na revelação, pelo paciente, de que ele deseja ganhar um Prêmio Nobel. Esta revelação, por sua vez, possibilita a análise dos motivos do paciente em relação a isso, mas também e, talvez mais importante, seus medos transferenciais de rejeição e criticismo por sua ambição. Atuando como um bloqueio aparente à análise, o silêncio de resistência confere ao analista uma maravilhosa oportunidade para trazer material profundo e conflitivo à superfície.

Culpa, vergonha e medo de retaliação não são, entretanto, os únicos motivadores de silêncio a serviço da resistência. Amar e sentir-se amado também pode parecer ameaçador, especialmente para pacientes esquizoides e masoquistas, e tornar-se sujeitos a apagamento mental. Assim que o paciente começa a se sentir amado, a ansiedade aumenta e impossibilita a capacidade de verbalização.

Finalmente, existe o fenômeno da omissão deliberada. Aqui, o paciente recusa-se a compartilhar com o analista algo que ele sabe (por exemplo, um caso extraconjugal, o ato de colar em provas) que é emocionalmente significativo e que pode ter impacto no seu tratamento. Prevalente entre pacientes com traços pronunciados, mesmo se estáveis, narcísicos e sociopáticos (Kernberg, 1984; Stone, 2009) essa omissão pode se manifestar através do "silêncio", mas também pode existir sob a máscara de uma verbalização pseudocordial. Entretanto, deve-se ressaltar que pacientes neuróticos relativamente "intactos" podem também omitir informações conscientemente (por exemplo, o preço de uma casa recém-adquirida) por ansiedade e sentimentos transferenciais de vergonha, competitividade e hostilidade.

Silêncio como enactment

A "omissão deliberada" mencionada pode ser uma forma de evitar vergonha pessoal, uma ridicularização esperada do analista, fofoca pelas costas, ou deboche por terceiros imaginados ou reais (por exemplo, colegas ou cônjuge do analista, com quem se presume que o analista compartilhe segredos). Enquanto tal motivação governa essa omissão, a prática fica submetida ao que Arlow (1961) denomina de "silêncios que servem primariamente à função de defesa" (p. 49). Entretanto, se o objetivo da omissão deliberada é a de enganar o analista, controlá-lo e torná-lo impotente, então o fenômeno pertence à categoria de "silêncios que servem primariamente à função de descarga" (p. 49).

Na terminologia contemporânea, os silêncios desse último tipo constituem *enactments*.[3-4] Ao ficar ou permanecer em silêncio, o paciente está colocando algo em ação e, ao mesmo tempo, induzindo o analista a uma resposta reativa ou recíproca. Esse silêncio pode ser usado para causar uma "reinstintualização do processo de empatia" (ibid., p. 51) no analista. Pode ser uma forma de provocar e machucar o analista. Escondendo-se por trás do manto de "invisibilidade verbal", um paciente tenazmente silencioso pode atacar o processo analítico, paralisar seu progresso, "matar tempo" e paralisar o "ego de trabalho" do analista (Olinick, Poland, Grigg & Granatir, 1973). A ativação e descarga de um sadomasoquismo primitivo são facilmente perceptíveis nessas circunstâncias.

Embora seja quase impossível listar de forma completa os cenários relacionais que são reproduzidos através de implacáveis – e, frequentemente imóveis (com o paciente absolutamente parado no divã) – silêncios, as "mensagens" comuns desses pacientes incluem: (i) "Por favor, não tente me matar; eu já estou morto", (ii) "Eu irei tornar seu trabalho impossível; você vai se sentir tão sem valor quanto eu me sentia crescendo na minha família", (iii) "Eu não vou falar, não importa o quanto você queira que eu fale; eu farei você se sentir como eu me sentia quando meu pai ficava em silêncio por dias frente à menor infração às regras de minha parte" e assim por diante. Em outras palavras, *enactments* na forma de silêncio podem refletir autoproteção, identificações importantes, reversões de cenários infantis traumáticos, "ataques aos vínculos" (Bion, 1958), e destrutividade direcionada ao processo de tratamento.

Descarga instintiva e *enactment* de identificações (por exemplo, com pais silenciosamente hostis) não são, entretanto, os únicos fatores na etiologia desse silêncio. Ordens do superego também podem contribuir para isso. Arlow afirma claramente que:

> [...] eu não desejo deixar a impressão de que o silêncio
> a serviço da descarga está relacionado exclusivamente
> à gratificação dos impulsos do Id. Experiências clínicas
> demonstram abundantemente que, fracasso, sofrimento
> e provocação em situações analíticas podem servir às
> demandas autopunitivas do superego e, a repetição

transferencial pode representar uma necessidade persis-
tente de expiar culpa através da utilização do silêncio
como provocação de punição (1961, p. 51).

Silêncio simbólico

O eclipse contemporâneo da perspectiva[5] da "teoria pulsio-
nal" não deve levar-nos a desconsiderar que o que parece silêncio
pode ser um derivativo deslocado, simbólico, de outros objetivos
instintuais. Por exemplo, o silêncio nos neuróticos obsessivos é
geralmente uma manifestação de erotismo anal (Ferenczi, 1916):
sob tais circunstâncias, a boca substitui o ânus e as palavras são
equiparadas às fezes. O ato de "reter palavras" se torna um veículo de controle sobre uma mãe que insiste em hábitos de higiene
adequados. Sharpe ampliou o escopo dos objetivos pulsionais que
poderiam ser expressos via silêncio.

Quando o ego estabiliza a conquista do controle corporal e
este se torna automático, as emoções de raiva e prazer que
até então acompanhavam as descargas corporais devem
ser manejadas de outras formas. Ao mesmo tempo em
que o controle esfincteriano sobre o ânus e a uretra está
sendo estabelecido, a criança está adquirindo o poder da
palavra e, portanto, uma vida de "exteriorização" presente
desde o nascimento se torna de imensa importância.
Primeiramente, a descarga do sentimento de tensão quando
essa não mais pode ser aliviada por descargas físicas, pode
ocorrer através da fala. A atividade de falar é substituída
pela atividade física agora restrita a outras aberturas do
corpo, enquanto que as palavras em si se tornam substitu-
tas para as substâncias corporais (1940, p. 157).

Portanto, o silêncio pode representar uma boca aberta esperando pelo leite da voz da mãe-analista, um ânus fechado recusando-se a produzir fezes para a mãe que o suplica, ou uma vagina acolhedora pronta para receber as interpretações "fálicas" do pai-analista. Entretanto, tal concepção passou a ser secundária no fervor atual das relações objetais, da intersubjetividade e de uma redução geral no interesse psicanalítico sobre o corpo (Paniagua, 2004). A perspectiva de Sharpe de que o silêncio pode simbolizar outros fenômenos corporais perdeu a sua audiência. O fato de que o fluxo também se dá na direção oposta é ainda menos reconhecido. Em outras palavras, outros órgãos que expressam silêncio podem ser listados. Os olhos são particularmente importantes nesse sentido. Evitar o olhar e recusar-se a olhar para alguém pode ser empreendido como uma forma de não falar com essa pessoa; isso pode ter efeitos devastadores sobre a pessoa que é então, afastada. Uma criança em desenvolvimento que encontra tal "silêncio visual" pode encontrar dificuldades para manter sua autoestima e, sua capacidade de constância objetal pode ficar prejudicada (Abrams, 1991; Riess, 1978). Mesmo durante a vida adulta, ser submetido a esse silêncio relacional pode ser bastante desconcertante (Patsy Turrini, comunicação pessoal, fevereiro de 2012). O seguinte poema de minha autoria, intitulado "Olhos Silenciosos", tenta captar essa experiência impregnada de angústia.

Olhos silenciosos, olhos silenciosos.
Eu não posso mais suportá-los.
Não. Não. Não mais,
Olhos Silenciosos.

Quando todas as suas portas dizem "não entre",
Não há nada que eu possa reivindicar.
Quando você desvia seu rosto de mim,

Eu morro mil mortes de vergonha.

Olhos silenciosos, olhos silenciosos.

Eu não posso mais suportá-los.

Não. Não. Não mais,

Olhos Silenciosos.

Quando você não me espelha mais,

Eu mal consigo ver meu rosto.

Na mesa de jantar do seu amor,

Eu mal consigo encontrar um lugar.

Olhos silenciosos, olhos silenciosos.

Eu não posso mais suportá-los.

Não. Não. Não mais,

Olhos Silenciosos.

Esse terrível desvio do objeto e a resultante "tortura pela separação" (Sartre, 1946, p. 8) trazem à mente aquele silêncio que simboliza a morte. A observação de Wurmser (2000) de que a palavra alemã *Totschweigen* significa "matar pelo silêncio" também é pertinente aqui. Wurmser observa que essa "cegueira da alma" – uma insensibilidade persistente e profunda (incluindo aversão visual) à individualidade de alguém – pode levar a desintegração estrutural em quem a recebe. No contexto clínico, um silêncio tenaz geralmente transmite uma sensação de putrefação e de morte. O paciente parece estar "se fingindo de morto" evitando, portanto, um ataque imaginado do analista ao mesmo tempo em que "mata" o analista.

Silêncio contemplativo

Uma desaceleração do tráfego perceptivo e cognitivo, bem como certo rebaixamento[6] do afeto é essencial para que novos insights emerjam de dentro (Ronningstam, 2006) e/ou para que novas informações externas sejam metabolizadas. A parada associada da fala ativa caracteriza-se como "silêncio contemplativo". Nesse estado, o indivíduo está envolvido em um diálogo particular e subliminar com seus objetos internos vivenciados subjetivamente (Mahler, Pine & Bergman, 1975; Winnicott, 1963) ou está direcionando sua atenção para seu interior para compreender e catalogar o que acabou de ouvir ou ver.

A quietude reflexiva que se segue à leitura de uma poesia, à observação de uma obra de arte surpreendente e mesmo ao ouvir com seriedade más notícias nacionais, são ilustrações de "silêncio contemplativo". No contexto de nosso trabalho clínico, esse silêncio aparece espontaneamente e é seguido de uma revelação significativa ou de um aumento das associações. Ou aparece em resposta à intervenção do analista.

> *Alguns pacientes necessitam de algum "tempo em silêncio" para refletir, processar, digerir o novo insight. Isso se dará após material confirmativo se a interpretação estiver correta. É muito mais frequente, entretanto, perceber que os pacientes reagirão com silêncio frente a uma interpretação incorreta. Nessa situação, o silêncio geralmente indica a decepção por não ser compreendido. Comumente, esses silêncios em resposta à interpretação são transitórios. Um silêncio prolongado após uma interpretação sempre significa que a interpretação foi incorreta (Greenson, 1961, pp. 82-83).*

Claramente, a situação clínica não é a única arena para que silêncios contemplativos emerjam. Como afirmado, a apreciação da arte e da literatura geralmente depende dessa quietude mental. Uma absorção compenetrada ao ponderar problemas científicos e matemáticos, bem como a sensação de vazio presente até que o escritor coloque a caneta no papel, também são exemplos de silêncio contemplativo.[7] O "recesso" feito pelo juiz antes de dar sua sentença em um julgamento também é pertinente nesse contexto.

Em nenhuma circunstância, o "silêncio contemplativo" é mais evidente do que no estado de luto.[8] A retirada de catexias do mundo externo e a necessidade de embaralhar as cartas relacionais envolvendo os objetos perdidos levam a certa quietude por parte da pessoa enlutada. Sentindo-se impotente frente ao incrível poder da morte, o sujeito perde a fé – por um momento – nas palavras faladas. A comunhão com as representações internas do falecido e a consciência da sua própria mortalidade produzem uma variedade de platitudes. A atenção volta-se à realidade alterada e o buraco produzido pela perda é coberto pelo silêncio.

Silêncio regenerativo

Na psicanálise, o conceito de quietude repositora do ego foi originalmente introduzido por Winnicott (1963). De acordo com ele, a comunicação genuína somente emerge quando os objetos deixam de ser subjetivamente percebidos para serem percebidos objetivamente. É nesse ponto que os dois opostos da comunicação também aparecem. Um consiste em uma não comunicação ativa ou reativa e o outro é uma "não-comunicação simples" (p. 183). Isso é que eu denomino aqui de "silêncio regenerativo". Nas palavras de Winnicott:

> *A não-comunicação simples é como repousar. É um*
> *estado com identidade própria, que passa à comunicação*

e reaparece naturalmente... Deve-se ser capaz de fazer uma afirmativa positiva do uso sadio da não-comunicação no estabelecimento do sentimento de realidade (pp. 183-184).

Essa não comunicação é vista por Winnicott como restauradora da vitalidade do *self* verdadeiro, que por sua própria natureza é incomunicável e merecedor de preservação. Seus conceitos nesse âmbito foram posteriormente desenvolvidos por Khan (1983a, 1983b). Ao descrever o estado de "manter a terra descansando", Khan declarou que

> *... não é um estado de inércia, de vazio indiferente ou de tranquilidade indolente da alma; tampouco é um desvio da objetividade importuna e da ação pragmática. Lying fallow é um estado de experiência, um modo de ser de quietude alerta e de consciência receptiva, desperta e suave... Nós precisamos ser um tanto quanto indolentes como cuidadosos e sentir nossa saída desse humor benignamente passivo e apático. Se formos forçados a sair, seja pela nossa própria consciência ou pelo ambiente, nos sentimos irritáveis e mal-humorados (pp. 183, 185, destaque original).*

Khan considera a experiência de "lying fallow" como "um nutriente do ego" (p. 185) e importante para o processo de personalização no indivíduo. Ao contrário de Winnicott, ele sugere que ao mesmo tempo que a inatividade silenciosa é o caminho mais frequente para essa experiência, ela também pode ser alcançada pela expressão pitoresca, como o rabiscar. Além disso, a experiência, embora profundamente pessoal e particular, pode ser facilitada pela companhia silenciosa de alguém – um cônjuge, amigo ou até mesmo um animal de estimação não intrusivo. Isso é "silêncio à serviço do ego" (Shaffi, 1973, p. 431) *por excelência*.

Silêncio vazio

A consideração de conteúdos e velocidade do pensamento diminuídos no estado de *"lying fallow"* leva ao próximo passo lógico, de total ausência de atividade na mente: sem pensamentos verbalmente codificados, sem imagens visuais, sem correntes afetivas. Sem dúvida, uma proposta desse tipo causa questionamentos e ergue as bandeiras do ceticismo. O sujeito quer protestar. Esse estado não seria equivalente a "morte psíquica" (Guntrip, 1969) ou denunciaria uma retirada de catexias objetais de proporções psicóticas? Como poderia a mente ficar imóvel a esse grau, a não ser que uma "alucinação negativa do pensamento" (Green, 1993) estivesse operando no todo? Em outras palavras, o teórico entre (e dentro de) nós pode relutantemente conceder existência a esse "silêncio vazio", mas apenas se puder declará-lo como seriamente patológico.

Tal pensamento pode seguramente explicar certa forma de "silêncio vazio", uma forma "maligna", acredito. Entretanto, também pode haver uma forma benigna de "silêncio vazio". De fato, foi nesse sentido que Van der Heide originalmente propôs o termo. Ele o considerou como representante de uma fusão bem-sucedida de *self* e objeto, também vista em proximidade no sono. Esse silêncio ocorre frequentemente em resposta à interpretação concisa e correta da transferência.

O paciente cai num silêncio de muitos minutos ou que dura o restante da sessão. Sua posição no divã é relaxada, geralmente a posição habitual para dormir; não há sinal de atividade motora, a fala desapareceu e não é tentada. Parece um "intervalo". Se o analista conseguir eliminar o silêncio com verbalizações (o que raramente é bem-sucedido), o paciente lhe diz que os pensamentos estavam ausentes e não há evidência de omissão consciente de pensamentos ou fantasias. Se após um tempo o silêncio se romper espontaneamente, os pensamentos verbalizados parecem distantes do conteúdo da interpretação. Por vezes, o paciente encerra o silêncio com uma observação que evidencia consciência acerca dos pensamentos ou do estado afetivo momentâneo do analista (1961, p. 86).

Na visão de Van der Heide, o "silêncio vazio" serve aos propósitos da identificação primária e do narcisismo e, apesar de pacífico, é um fenômeno regressivo (ver também Khan, 1983b). Uma visão oposta é evidenciada no Budismo. Enfatizando os poderes potencialmente transcendentes do silêncio, o Budismo declara que

O verdadeiro silêncio interior o coloca em contato com as dimensões mais profundas do ser e do saber – a consciência gnóstica e a sabedoria inata. Tendo em vista que é impossível expressar o inexpressável, o som espiritual ou música do silêncio está além de palavras e conceitos. As meras palavras são traduções fracas do que realmente queremos dizer. O silêncio interior e o vazio podem ajudar a fornecer acesso mais fácil ao mistério universal e ao ser primordial... O silêncio é a entrada para o sagrado interno, a sublime caverna do coração. O silêncio é a música do coração, como o amor, uma linguagem universal, uma melodia natural aberta a qualquer pessoa, mesmo aos surdos ou religiosamente deficientes... A solidão interna e o "Silêncio Nobre" são formas de esvaziar, limpar, curar e renovar o coração e a mente (Das, 1997, pp. 223-224, 226).

Sem dúvida, há ecos dos silêncios "contemplativo" e "regenerativo" (ver neste capítulo) aqui. Ou nós demos uma volta completa e retornamos para o ponto no qual começamos a discussão sobre a tipologia do silêncio, a saber, o "silêncio estrutural"? A equação do "silêncio vazio" benigno com o "silêncio estrutural", entretanto, negligencia o fato de que o primeiro é conquistado (e não dado) e é associado com a existência transcendental. Como a tentativa de integração de Budismo e psicanálise (Coltart, 1996; Epstein, 1995; Nichol, 2006; Rubin, 1996) se desenvolve de modo aprofundado, essa parte remota da metapsicologia pode permanecer menos obscura do que o é agora.

Uma digressão sociocultural

Uma breve incursão às matrizes socioculturais do silêncio pode ser válida nesse momento. As questões nesse domínio são abundantes. Algumas culturas (por exemplo, a Japonesa) são mais respeitosas do silêncio enquanto outras (por exemplo, a norte--americana) valorizam a verbalização? Tópicos que são tabus sociais criam diferentes áreas de silêncio em diferentes culturas? Há variabilidade no grau de candura transgeracional (e, portanto, também do silêncio) de cultura para cultura? Pode a classe social determinar a intensidade ou mesmo a existência de uma voz? E assim por diante.

Enquanto estudos interdisciplinares buscam respostas a essas questões (e muitas vezes, relacionadas), minha digressão ao domínio sociocultural enfoca cinco grupos de pessoas para quem o silêncio (tanto literal quando metafórico) é um aspecto fundamental da existência. Devo admitir que essas categorias construídas de forma tanto quanto arbitrária podem representar, em um "nível macro", representações de *self* correspondentes, embora fragmentadas, que residem no núcleo de todos nós: (i) os sem voz, (ii) os oprimidos, (iii) os deslocados, (iv) os cúmplices, e (v) os adoradores.

Silêncio dos sem voz

O reconhecido sofisma de que a história é escrita por vencedores dá expressão à triste verdade de que existe em cada era e em cada sistema social, um grupo de indivíduos que carecem de uma "voz". E, visto que o que ganha voz é registrado e pode ser lembrado e o que carece de articulação é esquecido, a história dos sem voz se dissolve em esquecimento. As crianças, os analfabetos e os muito pobres, grupos étnicos que tiveram a identidade esmagada pelo genocídio (por exemplos, os nativo-americanos) e, até recentemente, as mulheres, as pessoas "de cor", os homossexuais e aqueles com deficiências físicas, todos pertenceram a essa categoria. Sem receber as ferramentas adequadas (por exemplo, educação, acesso à informação, respeito por suas mentes, transporte e acessibilidade) para construir uma consciência de desejo e personalização, os membros desses grupos não podem (ou, até recentemente, não podiam) desenvolver uma narrativa canônica linguística de sua existência. A importante questão de Spivak (1988), "Os subalternos podem falar?", embora levantada em relação às mulheres do "terceiro mundo", pode ser prontamente direcionada a todos aqueles que são/sentem-se sem voz no mundo atual. A psicanálise pode fazer muito pouco a esse respeito. Entretanto, ao dar as mãos com a antropologia, a ciência política, a história e a sociologia, pode auxiliar na disseminação de informação e construção de consciência e "voz" em alguns desses grupos. Uma ilustração disso pode ser encontrada nos recentes trabalhos de Atwood (2007), Grenville (2007), Steel (2007) e San Roque (2007), que tratam do passado traumático da Austrália e do rejuvenescimento da mente e da cultura aborígine.

Silêncio dos oprimidos

Diferentemente dos "sem voz", estão os oprimidos. Eles têm uma voz, sabem o que querem dizer e iriam saborear a oportunidade de fazê-lo. Porém, o medo de represálias mantém seus lábios selados. Adolescentes dominados por pais tiranicamente conservadores, mulheres agredidas por homens abomináveis, cônjuges controlados por parceiros paranoides e massas aterrorizadas por ditadores totalitários, embora com muita vontade de falar, frequentemente têm que lidar com a mudez de viver a morte. Eles têm poucos recursos, exceto o de sujeitar-se a oligarquia do sadismo. A história do domínio colonial Europeu na África e na Ásia, a escravidão nos Estados Unidos, o apartheid na África do Sul e várias outras privações de direitos nas diversas nações em todo o mundo, oferecem amplas ilustrações de "silêncio dos oprimidos". Subjacente à rendição manifesta da voz residem ressentimento e amargura, fantasias de rebelião e vingança e esperança de quebrar as correntes do aprisionamento psicossocial.

Na terminologia de Fivush (2010), esses não são exemplos de "estar em silêncio"; esses são ilustrações de "ser silenciado". O primeiro é fundamentalmente eletivo. O segundo é imposto e significa perda de poder e estima pessoal. A narrativa culturalmente dominante (por exemplo, a do colonizador) silencia experiências sociais que não se enquadram nos seus moldes. Isso pode se manifestar como não deixar as pessoas falar e privando-as do direito de assembleia, ou ao recusar-se a acreditar na sua versão de realidade social. Esse silêncio imposto pode dificultar o compartilhamento do presente com as gerações mais jovens e impossibilitar interpretações socialmente mediadas do passado (Fivush, 2001; Fivush & Nelson, 2004).

Silêncio dos deslocados

O imigrante e o exilado também são "silenciosos" de certas maneiras. Encontrar paisagens, clima, vegetação e arquitetura que não lhes são familiares frequentemente resulta em sutis, porém importantes, perturbações perceptivas do ego (Akhtar, 1999, 2011; Grinberg & Grinberg, 1989). O indivíduo não mais vivencia uma fusão perfeita com o ambiente ecológico ou uma demarcação indolor do mesmo. Ele encontra oportunidades insuficientes para atravessar e reatravessar sem dificuldades "a área de transição entre a sinestesia e a compartimentalização sensorial" (Kafka, 1989, p. 47). A liberdade para fundir-se e separar-se de diferentes modalidades não lhe é disponível mais. Essa liberdade perceptiva subjaz a capacidade de criar e desfrutar de metáforas. O imigrante recém-chegado, entretanto, carece de oportunidades para mover-se livremente entre o autoabandono do prazer e a vigilância da orientação objetivada à tarefa, entre perceber a figura e o fundo por vezes separadamente e por vezes juntos e, entre a integração onírica das modalidades sensoriais e uma separação hiper-realista dos mesmos. A poesia da comunicação lhe escapa. A literalidade é sua prisão.

Sendo estranho aos sofismas e ditos locais, o imigrante aparece desajeitadamente "silencioso". Ele não compreende os poemas e as piadas de sua nova nação. Seu "mutismo" é ainda mais marcado no que se refere à história; pelo fato de não ter sido propriamente educado quanto à história da nação e não ter vivido eventos importantes no país adotado, ele encontra pouco a falar sobre o tema. Finalmente, há a triste infrequência com a qual ele pode usar sua língua materna, especialmente durante o dia de trabalho. A dor desse silêncio é eloquentemente descrita por Kristeva (1988, p. 20):

> *Não falar a língua materna. Habitar sonoridades e lógicas cortadas da memória noturna do corpo, do sono agridoce da infância. Trazer em si, como um jazigo secreto ou como uma criança deficiente, benquista e inútil – essa linguagem de outrora, que murcha sem jamais abandoná-la. Você se aperfeiçoa num outro instrumento, como nós nos expressamos com a álgebra ou o violino. Pode se tornar um virtuose com esse novo artifício que, aliás, proporciona-lhe um novo corpo, igualmente artificial, sublimado – alguns dizem sublime. Você tem o sentimento de que a nova língua é a sua ressurreição: nova pele, novo sexo. Mas a ilusão se despedaça quando você se ouve, no momento de uma gravação, por exemplo, em que a melodia de sua voz lhe volta esquisita, de parte alguma, mais próxima da gagueira de outrora do que do código [linguístico] atual... Assim, entre duas línguas, o seu elemento é o silêncio (Citado em Amati-Mehler, Argentieri & Canestri, 1993, pp. 264-265).*

Em conclusão, a imigração e o exílio resultam em um silêncio que envolve o núcleo pré-migratório do *self* e que é tanto literal quanto metafórico em sua natureza.

Silêncio dos cúmplices

Tanto em nível individual quanto grupal, a cumplicidade com crimes e crueldades de outros é geralmente manifestada via silêncio das testemunhas. As descrições de Shengold (1989) de "assassinato da alma" (isto é, o apagar maléfico da humanidade, identidade e clareza perceptiva de alguém) de uma criança por um dos pais geralmente inclui o fato de que o outro assistiu a violência silenciosamente, sem qualquer esforço para impedir o que estava acontecendo. A literatura sobre abuso sexual também é repleta do deletério impacto da cumplicidade de "pais silenciosos" (Escoll, 1999) sobre a criança abusada. Um dos pais corrompe o corpo da criança e o outro evita o seu olhar e é, então, cúmplice do crime. Fenômenos similares são evidentes em nível grupal. O silêncio da maioria de uma nação quando uma minoria está sendo abusada pode ser devastador para esta minoria. E, quando as nações mundiais (ou ao menos algumas delas) falham em reconhecer genocídios que ocorreram ou estão ocorrendo, o silêncio ensurdecedor pode romper os tímpanos da humanidade.

Menos sinistros embora raramente honestos, são os silêncios que membros de cultos, gangues, sociedades secretas e, infelizmente, por vezes a força policial, mantêm como um ato de lealdade às suas respectivas organizações. O exemplo mais conhecido é o *omerta* ou o popular código de honra comum em áreas do sul da Itália (e entre alguns ítalo-americanos), que envolve uma proibição categórica de cooperar com autoridades governamentais ou contar com seus serviços. *Omerta* é essencialmente um código de silêncio que sela os lábios dos homens mesmo em sua própria defesa e mesmo quando os acusados são inocentes do crime. Seu propósito é o de manter a solidariedade do grupo.[9]

Silêncio dos adoradores

Em marcado contraste com o "silêncio dos cúmplices" está o "silêncio dos adoradores". Aqui, o indivíduo intencionalmente se separa das pressões plebeias da realidade interna e volta-se para dentro em busca do sagrado e do reverenciável. O foco do *self* muda das representações psíquicas de outros significativos para um diálogo subjugado com a "representação de deus" (Meissner, 1984, 2001; Rizzutto, 1979, 1996, 2001); esta é uma estrutura interna parcialmente consciente e parcialmente inconsciente que é desenvolvida por toda criança no curso de seu desenvolvimento. O relacionamento com os dois pais contribui para a formação dessa imagem interna. O diálogo com a mesma gira em torno de conflitos sobre desejos, vergonha e culpa, recompensa e punição, além dos temas mais complexos sobre o sentido da vida e da morte, as origens deste universo e o que acontece aos seres vivos após a sua morte. Conforme um indivíduo se aproxima desse domínio, um senso de mistério, respeito e humildade urge em sua existência (Ostow, 2001). Textos e escrituras de religiões organizadas podem trazer um indivíduo a esse ponto, mas a jornada daí para a frente é pautada no silêncio. A ênfase do Budismo nessa quietude já foi citada. Outras religiões, também, encorajam o silenciamento de uma voz separada; locais de adoração são projetados para inspirar respeito, mobilizar humildade, e incitar fantasias de fusão. As práticas meditativas em quase todas as religiões (por exemplo, o solene *Shabat* do Judaísmo, a *vipaasna* do Hinduísmo, os momentos de *fana* do Sufismo, e os votos de silêncio enclausurado das freiras Carmelitas) são baseadas no encontro sem palavras com o divino.

Para o crente, esta é uma questão de misticismo e transcendência. Para o cético psicanalítico, entretanto, isso reflete um desvio do processo secundário e uma recriação ilusória do narcisismo primário; sem objeto, impregnado de "sentimento oceânico" (Roland, citado em Freud, 1930a) e onipotente. Uma posição consensual poderia ser a de que a experiência é mais do que um mero regresso à representação *self*-objeto fundida "todo bom" da infância; ela sintetiza o pessoal com o cultural e o ontogenético com a integridade icônica destilada pelas gerações. "Se essa regressão é parcial, é uma regressão que, ao reconstruir caminhos firmemente estabelecidos, retorna ao presente ampliada e clarificada" (Erikson, 1958, p. 264).

De volta ao reino clínico

Embora existam sobreposições entre eles, pode ser melhor considerar os silêncios do paciente, os silêncios do analista e seus silêncios simultâneos, separadamente,[10] por propósitos de clareza didática. Essa categorização nosológica não pretende, de forma alguma, endossar a "psicologia de uma pessoa" sobre a "psicologia de duas pessoas" e negar que os fenômenos psíquicos não podem, geralmente, ser entendidos isolados de suas matrizes interpessoais. Minha perspectiva, muito influenciada pela sofisticada avaliação de intersubjetividade de Dunn (1995), considera a tradição positivista da psicologia do ego clássica e as abordagens relacionais pós-modernas da psicanálise (Mitchell, 1988, 1993; Ogden, 1986, 1994; Stolorow & Atwood, 1978) como coexistentes e mutuamente aditivas, não contraditórias ou opostas uma a outra. Portanto, a compartimentalização do silêncio na hora clínica em silêncio do paciente, do analista e o resultante das duas partes ficarem silenciosas simultaneamente, necessita ser vista como apenas relativa. Cada um dos três contém afluentes dos outros dois. Dito isto, passemos a examinar esses silêncios em detalhe.

Silêncio do paciente

Como qualquer outro comportamento ou comunicação de sua parte, o silêncio do paciente é multiplamente determinado. Ele pode servir funções defensivas ou de descarga, pode enfraquecer o ego ao banir conteúdo psíquico útil para o inconsciente ou recompor o ego ao permitir uma síntese silenciosa pré-consciente dos insights recém-adquiridos. Ele pode representar omissão deliberada, resistência inconsciente, uma forma de comunicação, um *enactment* de uma fantasia, um ataque ao *setting* analítico ("matar tempo"), ou meramente um momento de contemplação.[11] Como resultado, nenhuma regra estabelecida pode ser aplicada para o manejo dos silêncios dos pacientes. De fato, Arlow (1961) nos lembra de que "nada pode substituir a sensibilidade do terapeuta ou sua resposta empática à concatenação de influências em desdobramento, em qualquer momento da transferência" (p. 53). Ainda assim, pode ser útil manter os seguintes pontos em mente quando confrontado com o silêncio de um paciente.

• O silêncio serve a muitos propósitos e a resistência é apenas um deles (Arlow, 1961; Blos, 1972).

• O silêncio se segue ou precede algo emocionalmente significativo.

• O silêncio pode ser espontâneo ou em resposta à intervenção do analista.

• O silêncio pode ser comunicativo; o momento em que aparece e seu "tom" afetivo pode transmitir muitas coisas significativas (Reik, 1948). Nas palavras de Sabbadini (1992), "Por trás de todo silêncio há uma fantasia inconsciente à qual o silêncio – assim como o sonho ou o sintoma – ao mesmo tempo oculta e expressa" (pp. 28-29).

• O silêncio é geralmente acompanhado de mudanças posturais, gestos e outros sons, incluindo choro, suspiros, grunhidos; prestar atenção a isso pode revelar informações úteis para o analista (Greenson, 1961; McLaughlin, 1987, 1992).

- O silêncio nem sempre impede os objetivos da análise e a fala nem sempre os facilita.[12]

- O silêncio, quase que invariavelmente, possui significados transferenciais e, portanto, um cuidadoso exame da experiência contratransferencial é de grande auxílio para discernir o que está acontecendo no processo clínico.

É no contexto desse pano de fundo que ofereço as seguintes vinhetas clínicas que demonstram as complexas interações entre pulsão e descarga, a agenda do próprio paciente e os gatilhos relacionais no aqui-e-agora, transferência e contratransferência e, finalmente, entre intervenções afirmativas e interpretativas.

Vinheta clínica 1

Mary Robinson,[13] uma mulher esquizoide no primeiro ano de sua frágil e tênue análise, inicia uma sessão com um silêncio prolongado. Após esperar algum tempo, já que estou acostumado à sua maneira hesitante, trago à sua atenção a dificuldade que parece estar experimentando para começar a falar. Encontrando mais silêncio, me arrisco, "Talvez haja alguma preocupação, alguma ansiedade que esteja dificultando que você revele o que está pensando e sentindo". Mary permanece em silêncio por mais alguns minutos. Então, em voz pesarosa, ela diz, "Por que você não consegue me entender sem que eu fale? Você é um analista. Você deveria ser capaz de entender o que estou sentindo, o que estou querendo e necessitando de você nesse momento". Ela pausa. Eu permaneço quieto. Ela acrescenta, "Me magoa quando você quer que eu fale para que possa me entender. Veja, quando eu era pequena, eu tinha que ensinar minha mãe – pelo menos, eu tentava – como ser minha mãe. E então eu tinha que ensinar meu pai sobre como ser meu pai. E, agora eu tenho que falar aqui para que você me entenda. Isso é como se eu tivesse que ensinar você a ser um analista. Fere meus sentimentos. Realmente me magoa, isso tudo".

Embora ela não seja vingativa, sua voz lamuriosa e triste me faz sentir que a sobrecarreguei. Ao encorajar a verbalização, eu impus minha agenda. Eu deveria discernir de forma onisciente o seu mundo interno e ela, tendo chegado à Meca da psicologia profunda, deveria ser curada com pouco esforço de sua parte. Começo a me sentir cético. Isso tudo é uma defesa contra o quê? O desejo de me manter fixado em um papel idealizado de curador a ajuda a repelir o ódio em minha direção por eu parecer não ajudá-la (supostamente, como seus pais)? Essa visão divina de mim é um escudo para defletir seus sentimentos eróticos e não-eróticos sobre meu corpo, o que afinal está a apenas cerca de dois metros dela? Com esses pensamentos, uma intervenção começa a ser formulada em minha mente. Eu irei, de alguma forma, trazer sua atenção aos objetivos defensivos da sua afirmação.

Entretanto, eu decido me dar mais um ou dois momentos para pensar melhor a esse respeito. Agora, me ocorre que embora minha linha de raciocínio seja plausível, ela envolve um rápido desvio do material manifesto do paciente. Talvez haja algo mais no que ela está falando. Talvez sua mágoa pela minha primeira intervenção não tenha sido simplesmente uma resposta a um desejo transferencial frustrado por uma reação compreensível à privação de uma necessidade de um ego saudável. Afinal, não há certos relacionamentos humanos (por exemplo, entre bebê e mãe, entre dois amantes nus sob um lençol, entre um mendicante religioso e seu mentor espiritual, entre dois amigos dirigindo por um longo tempo em uma estrada etc.) onde as palavras não são essenciais para a comunicação? Claramente, essa paciente não teve tais experiências fortalecedoras do ego suficientes durante a infância e não está tendo um número suficiente dessas experiências na sua vida adulta. Sem dúvida, deveríamos trabalhar na resolução dos obstáculos intrapsíquicos em seu caminho para que ela fique mais satisfeita nesse aspecto, mas e esse exato momento, no qual ela parece necessitar de tal experiência? Há algum sentido em privá-la disso? A minha intervenção posterior não deveria indicar que respeito a sua necessidade de ser compreendida em seu silêncio e que eu, de fato, a sobrecarreguei ao encorajá-la a falar? Deveria interpretar o aspecto idealizador, defensivo e potencialmente paranoide de seus comentários? Ou deveria empatizar com sua mágoa e discernir e reconhecer o aspecto saudável e desenvolvimentalmente válido da necessidade de seu ego? Ao chegar a essa encruzilhada conceitual, decido tomar a rota afirmativa e renunciar, por ora, às possibilidades interpretativas-céticas.

Ao fazê-lo, deixo que o lembrete de Loewenstein (1961) de que o silêncio, tanto na análise quanto fora dela, é por vezes um modo necessário de relacionamento objetal, seja o meu guia. Também encontro apoio na observação de Arlow (1961) de que em relacionamentos humanos profundos e prolongados, "é possível que os aspectos verbalizados da comunicação sejam reduzidos a um mínimo, a representação por sinais pequenos, e finalmente, a expressão por silêncios" (p. 50). De fato, Nacht (1964) afirma que embora uma pulsão inconsciente em direção à fusão possa ser subjacente à necessidade do paciente de expressar-se pelo silêncio, sua gratificação é frequentemente uma condição necessária para o progresso do trabalho analítico.

Vinheta clínica 2

Em meio a uma transferência regressiva, Jill Schwartz entrou em meu consultório enraivecida e apontando um dedo. Ao aproximar-se do divã, ela disse, "Eu tenho muito em minha mente hoje e só eu quero falar. Eu não quero que você fale nem uma palavra!" Um pouco desconcertado, eu murmurei, "Ok". Jill gritou, "Eu disse, 'nem uma palavra' e você já arruinou essa sessão!" Agora, sentado em minha cadeira atrás dela, eu estava confuso. "Eu fiz mal em falar?" eu me perguntei. Enquanto ela estava deitada no divã, raivosamente silenciosa e rígida, eu comecei a pensar. Talvez ela esteja tão inconsolável hoje, tão obstinada a me forçar o papel de uma pessoa que a priva, que ela encontrou uma forma de ver mesmo a gratificação de seu desejo como frustração deste. Eu não estava, entretanto, inteiramente satisfeito com essa explicação e, portanto, decidi esperar e pensar mais profundamente. Ocorreu-me, então, que talvez ela tivesse razão em ficar furiosa com meu "Ok". Ao concordar em

deixá-la ter controle onipotente sobre mim, declarei mi-
nha vontade e, então, paradoxalmente a privei da oni-
potência da qual ela parecia precisar. Eu estava prestes a
fazer uma interpretação nessa linha, quando me ocorreu
que ao compartilhar essa compreensão, eu estaria repe-
tindo meu erro: tornando meu funcionamento psíquico
autônomo muito óbvio. Como resultado, decidi dizer
apenas "me desculpe" e deixei o pensamento restante
não falado. Jill relaxou e a tensão no quarto começou
a abrandar. Após 10 minutos de mais silêncio, ela disse,
"Bem, essa sessão foi estragada. Eu tinha tantas coisas a
falar." Após uma pausa, ela disse "Dentre as várias coisas
na minha mente..." e então a sessão "começou" gradual-
mente. Na hora em que terminamos, as coisas estavam
bastante amenas.

Com a apresentação dessa segunda vinheta, tento estabelecer três pontos. O *primeiro* ponto é o de que ao me desculpar com a paciente, eu estava reconhecendo que havia falhado com ela ao não compreender que ela precisava não ter quaisquer limites, como era, entre nós; ela era o tipo de paciente (pelo menos na-quele momento) que "precisa ser permitido que estabeleça oni-potência provisória sobre o analista" (Casement, 1991, p. 277). O *segundo* ponto é o de que embora minha paciente e eu per-manecêssemos em silêncio por cerca de dez a quinze minutos (após a troca inicial na sessão), nossos silêncios pertenciam a nós separadamente. O seu silêncio representava uma retirada raivosa e magoada. O meu iniciou por não saber o que dizer ou fazer, mas conforme o tempo passava, se tornou em uma "ação in-terpretativa" (Ogden, 1994). É como se, ao permanecer em silêncio, eu estivesse falando para ela: "Eu entendo que você se sentiu magoada por mim e decepcionada comigo. Como resultado, você está tentando se segurar em si mesma e precisa de algum tempo para se recuperar antes de assumir o que lhe parece o risco de se relacionar comigo", Tanto minha paciente como eu estávamos em silêncio, mas estávamos em silêncio separadamente, por assim dizer. O *terceiro* ponto pertence ao fato de que ao ouvir a apresentação dessa vinheta em uma conferência, alguns colegas analistas na plateia questionaram o fato de eu não perguntar à paciente o que ela estava pensando durante o longo silêncio antes de voltar a falar. Esses clínicos sentiram que eu havia perdido dados muito importantes por ausência de investigação. Embora compreendesse seu ponto de vista e tivesse certa simpatia por essa perspectiva, eu mantive – ainda mantenho – uma visão diferente dessa situação. Acredito que "não analisar" ou não destacar aquele longo silêncio era preferível porque fazer o contrário iria (i) denunciar cobiça analítica, (ii) arricar a patologização de um evento introgênico, e (iii) privar ainda mais a paciente da onipotência da qual ela precisava tão desesperadamente. Nas palavras de Arlow, a recusa tenaz de minha paciente a falar constituía um

> *daqueles silêncios que devem ser respeitados, silêncios que representam um período durante o qual o paciente luta para manter controle sobre seus sentimentos ou para reestabelecer um senso de autoestima após alguma lembrança do paciente ou de alguma intervenção do terapeuta que possa ter causado violência ao narcisismo do paciente (1961, p. 54).*

A técnica pode diferir com pacientes resolutamente silenciosos por conta própria. Alguns deles não falam por uma hora inteira e geralmente continuam a fazê-lo sessão após sessão. Isso geralmente acontece no *setting* de patologias obsessivas e de personalidade esquizoide severas. Vinculados à emergência de fortes reações contratransferenciais, esses silêncios garantem uma combinação de medidas afirmativas e *holding* (Winnicott, 1960b) e medidas interpretativas e de reforço de limites do *setting* (Kernberg, 1984). Observações encorajadoras e educativas constituem um dos polos de um *continuum* de intervenções, enquanto que o paciente sentado e "convertendo psicanálise em psicoterapia" (Akhtar, 2009, pp. 57-58) forma o outro polo. A área entre esses extremos é repleta de desafios técnicos. A abordagem clínica da tradição britânica independente (Balint, 1968; Coltart, 1993; Winnicott, 1963, 1965) recomenda um longo período de espera enquanto o paciente se mantém silencioso e imóvel. A ideia é permitir ao paciente, por um espaço de tempo suficiente, a segurança de não ser questionado e o apoio de uma estrutura relacional que o propicie revelar espontaneamente suas preocupações mais profundas.[14] A ruptura prematura desse silêncio por interpretações é arriscado. Nas palavras de Winnicott,

> *se esperarmos, nos tornamos percebidos objetivamente no devido tempo pelo paciente, mas se falharmos em nos comportar de modo que facilite o processo analítico (que é equivalente ao processo maturativo do lactente e da criança), subitamente nos tornamos "não eu" para o paciente, então sabemos demasiado, e ficamos perigosos porque estamos muito próximos à comunicação com o núcleo central quieto e silencioso da organização do ego do paciente (1963, p. 189).*

Em contraste à essa abordagem está a estratégia kleiniana e neokleiniana. Ao falar sobre um paciente com vulnerabilidade psicótica, Klein (1955) declarou, "Eu descobri que da primeira hora em diante não devo permitir que o paciente permaneça em silêncio por qualquer período de tempo. Eu senti que seu silêncio implicava perigo e em todas as circunstâncias interpretei sua desconfiança a meu respeito" (p. 136) Kernberg, Selzer, Koenigsberg, Carr & Appelbaum também recomendam uma técnica mais ativa no manejo de silêncios prolongados. Eles acreditam que

> *uma atitude de esperar para ver frente à recusa do paciente em falar é uma postura terapêutica perigosa por diversas razões: ela apoia a visão onipotente do paciente de que tem o direito de exercer agressão descontrolada; proporciona que o terapeuta chegue a um ponto onde ele ou ela não possa mais conter frustração raivosa; colabora com a desvalorização do terapeuta, por parte do paciente, ao sugerir que ambos sancionam uma atitude de não fazer nada (1989, p. 172).*

Kernberg e colegas recomendam confrontar o paciente com a contradição entre vir regularmente buscar ajuda e não falar e sua atitude onipotente frente ao tempo, o que permite que ele continue a ter uma sessão inútil após a outra. Eles recomendam que o terapeuta desenvolva uma hipótese sobre a natureza da dificuldade que está interferindo com a fala do paciente e que a comunique ao paciente de maneira objetiva.[15]

As duas abordagens descritas refletem o que Strenger (1989) chamou de visões "romântica" e "clássica" da psicanálise. Muitos clínicos tentam intuitivamente conquistar seu próprio equilíbrio entre essas posições extremas. Também é concebível que silêncios prolongados de pacientes esquizoides respondam melhor a abordagem winnicottiana, silêncios *borderline* à abordagem Kernbergiana e silêncios de pacientes obsessivos à "oscilação informada" (Akhtar, 2000) entre essas duas estratégias técnicas. Ao final, entretanto, a escolha de qual perspectiva será usada para abordar o silêncio depende da avaliação empática do analista da comunicação transferencial inerente e da avaliação intuitiva da capacidade do paciente de entender e utilizar essa intervenção. É extremamente importante manter vigilância quanto à experiência contratransferencial nessas situações. Aqui, deve-se observar que a tolerância do analista quanto aos silêncios dos pacientes tende a variar conforme sua própria estrutura de personalidade. Elaborar seu narcisismo e defesas maníacas é de grande ajuda. Envelhecer e ter criado seus filhos também pode aumentar a capacidade do analista de suportar os silêncios do paciente, com seu potencial de parecer não relacionado. A bagagem cultural do analista também pode desempenhar um papel. Com uma franqueza incomum, Ronningstam aborda essa questão.

> *Eu cresci em um vilarejo rural Protestante no norte da Suécia, próximo ao Círculo Ártico, na mesma latitude do norte do Alaska, do centro da Groenlândia e do norte da Sibéria. A Corrente do Golfo contribuía para um clima relativamente quente com marcados contrastes entre as estações. No solstício de inverno, o sol ficava só um pouco acima do horizonte e no meio do Verão ele ficava pouco abaixo do horizonte, proporcionando luz do dia por 24 horas. Apesar de eu ter tido a sorte de crescer em uma comunidade onde as pessoas falavam e se comunicavam, ainda assim, o silêncio era um fenômeno predominante. Alguns silêncios eram tranquilos e atenciosos, e as palavras não eram necessárias. Outros silêncios eram vazios porque faltavam palavras, especialmente para*

comunicar sentimentos. Outros silêncios, ainda, pode-
riam ser descritos por um truísmo, isto é, "a fala é prata,
mas o silêncio é ouro". Porém, o silêncio também poderia
representar distanciamento e/ou eliminação de ameaça,
aspectos dolorosos ou odiosos, e experiências. As pessoas
embebiam suas perdas, falhas ou escândalos em silên-
cio. Elas tratavam seus inimigos com silêncio e lidavam
com ameaças e conflitos esmagadores em silêncio. Eles
esperavam em silêncio, lamentavam em silêncio, e se
alegravam ou orgulhavam-se de si mesmos em silêncio.
Em termos antropológicos, eu tenho uma alta tolerância
culturalmente determinada para o silêncio e, em termos
psicanalíticos, o silêncio é em grande parte egosintônico
para mim (2006, p. 1287).

Antes de aprofundar essa sessão sobre o silêncio do paciente,
um aspecto de ocorrência clínica diária deve ser abordado. Este
pertence às pausas na comunicação do paciente. Estes silêncios
momentâneos variam muito em natureza e garantem diferentes
respostas do analista. Uma pausa refletindo um "silêncio contemplativo" no qual é o paciente que está recebendo informações a
partir de dentro ou refletindo sobre o que analista recém falou não
deve ser perturbada. Uma pausa que aparece imediatamente após
uma conjunção (por exemplo, "... e", "... ou") e seguida de uma mudança de tópico, revela a ansiedade ao continuar a linha original
de pensamento. Isso necessita ser destacado. Por exemplo, quando
um paciente diz, "Eu quero vender a minha casa e...", pausa por
alguns segundos e então continua falando de outra coisa, o analista
pode chamar a atenção do paciente sobre o fato de que ele deixou
a frase inacabada. O analista pode ainda pedir a ele que preencha
a lacuna que seguia "e...". Em essência, uma pausa que aborta um

pensamento em desenvolvimento é defensiva em sua natureza. De forma oposta, têm-se uma pausa que funciona como uma vírgula, seguindo uma sentença concluída e que leva à continuidade daquele pensamento. Aqui temos dois exemplos. Um homem narcisista, divorciado e altamente promíscuo, disse, "Tendo em vista meu desejo voraz por mulheres, é bom que eu não tenha me casado", pausou e então acrescentou, "quero dizer, pela segunda vez" (denunciando que ele não havia sido verdadeiramente casado nem da primeira vez). E uma jovem mulher deprimida disse, "Às vezes eu penso em cometer suicídio", pausou e então acrescentou, "Bem, na verdade não". Esses silêncios não são defensivos; as palavras que os seguem é que são defensivas. Como resultado, uma intervenção técnica direcionada a eles pode constatar o quanto se tornou difícil para o paciente contemplar o que ele ou ela havia acabado de revelar. Para reiterar, pausas do tipo contemplativo não necessitam de intervenção, pausas do tipo abortivo precisam de confrontação e, pausas seguidas de um adicional corretivo ao pensamento original necessitam de uma observação empática acerca do significado emocional daquele pensamento.

Silêncio do analista

Em circunstâncias comuns, "O silêncio de uma escuta analítica empática e atenta auxilia o paciente a tolerar a abstinência criada pelo processo analítico e necessária para o mesmo" (Zeligs, 1961, p. 19). O silêncio do analista funciona como um vaso no qual o paciente pode derramar o líquido da associação livre. Paradoxalmente, o silêncio do analista também concede ao paciente o direito de permanecer em silêncio se ele ou ela não conseguir falar. Independentemente se isso encoraja a verbalização ou permite o silêncio por parte do paciente, o silêncio do analista se torna um "continente" (Bion, 1962b) que facilita o processamento do que é não mentalizado e incorre em uma narrativa coerente localizada na matriz da experiência ontogenética e transferencial.

Vinheta clínica 3

Rebecca Cohen, vinte e seis anos, filha de um sobrevivente do Holocausto, estava em análise comigo. O curso inicial do tratamento foi repleto de fantasias angustiantes sobre a experiência do seu pai no campo de concentração nazista. Cenários temidos de ódio e violência étnicos preocupavam Rebecca e isso rapidamente se alastrou para a transferência. Ela temia e odiava a mim, me considerava um muçulmano ou um árabe que odiava judeus e suspeitava que eu fosse apoiador da violência de palestinos contra israelenses. Projeções da sua própria clivagem do self judeus versus nazistas, pós-traumática e dada de forma transgeracional, eram constantemente ativadas na sua relação comigo. Um dia, eu era odiado e ferozmente atacado. No dia seguinte, eu era profundamente temido.

Durante uma sessão, enquanto falava sobre o Holocausto, ela subitamente pulou do divã e correu até o canto do consultório que era o mais distante de mim, tremendo e obviamente assustada com algo que ela havia acabado de vivenciar internamente. Rebecca ficou lá chorando. Eu permaneci em silêncio. Então, ela encontrou uma caixa de lenços na mesa próxima, limpou seu rosto e começou a parecer um pouco recomposta. Eu não disse nada e esperei pacientemente pelo desdobramento das coisas. Rebecca pulou, sentou-se em minha mesa e me perguntou se eu sabia o que havia acontecido. Eu sacudi minha cabeça, informando-a que eu não sabia. Ela então revelou que havia sentido que eu iria pegar uma faca e esfaqueá-la enquanto ela estava no divã e, por isso, ela tinha que se afastar de mim. Enquanto ela narrava isso, percebi que ela estava muito mais calma. Eu permaneci em silêncio. Rebecca continuou dizendo, "Você sabe, eu nunca vi seu consultório deste ponto. Parece tão estranho... você sabe, o que parece... parece tão calmo. Tudo está imóvel, quieto. É como a capa de um best-seller de mistério e assassinato coberta de pó. E você sabe que, às vezes, quando você lê o livro inteiro, você descobre que todas as pistas já estavam demonstradas na fotografia da capa do livro. Sim, seu consultório, desse ponto, parece exatamente uma fotografia desse tipo, com todas as pistas intactas." Agora eu falei. Eu disse, "E, eu acredito que eu seria o cadáver nessa cena de assassinato." Rebecca sorriu, esticou seus braços e mirando suas mãos firmes para mim, fez um barulho indicando que estava atirando em mim com uma arma. Eu respondi dizendo "Veja só, há pouco você pensou que eu fosse lhe matar e agora que você se afastou um pouco dessa posição, encontra-se me matando. Veja, este assassinato e este assassino são duas partes do seu próprio self e, pelo trabalho que desempenhamos mutuamente, espero que nos atenhamos a essas duas visões e vejamos como elas se relacionam uma com a outra, de onde elas vieram e a que propósitos servem". Rebecca desceu da mesa, caminhou de volta para o divã, e deitou-se. A sessão continuou da maneira "usual".

Essa troca clínica ilustra uma série de intervenções, incluindo a interpretação da clivagem e da identificação projetiva. Entretanto, o que desejo enfatizar aqui é o quanto meu estado não perturbado e não intrusivo facilitou o desdobramento do material clínico. Minhas intervenções verbais foram importantes, mas estas só foram possíveis pelo fato do material ter se tornado acessível devido ao meu silêncio remanescente. Esses efeitos benéficos do silêncio do analista não devem nos levar a negligenciar as circunstâncias em que as consequências são exatamente o oposto. Portanto, é importante lembrar que:

- O silêncio do analista nem sempre é vivenciado pelo paciente como gentil e útil. O estado ideal de ser um "analista não intrusivo" (Balint, 1968) não necessariamente implica permanecer em silêncio.

- O silêncio do analista pode ser devido a sentimentos contratransferenciais de tédio, indiferença ou hostilidade e, dessa forma, podem ferir o paciente.

- O silêncio do analista pode ser uma resposta retaliatória ao silêncio do paciente e pode contribuir para um impasse não verbal na análise (Glover, 1955).

- O silêncio do analista, se prolongado, pode ser especialmente doloroso para pacientes com privações precoces na infância e com a resultante atitude de fixação oral. Tendo em vista que eles são propensos a introjetar tanto as palavras quanto os silêncios do analista (Zeligs, 1961), a internalização excessiva desse último tipo pode incrementar seu próprio vazio.[16] Mitrani (2001) relatou detalhadamente um paciente que vivenciava seus silêncios como "o desconhecido perigoso" (p. 17) e "necessitava ouvir minha [de Mitrani] voz para apaziguar seus medos de que eu a tivesse abandonado" (p. 17). Muito antes da contribuição de Mitrani, Boyer (1980) e Volkan (1987) haviam relatado uma "fase barulhenta" primitiva quando o analista faz mais ruídos do que o normal para assegurar a seus pacientes mais doentes de seu envolvimento contínuo.

- O silêncio do analista, se excessivo, pode fazer com que suas palavras se tornem sobrecarregadas emocionalmente para o paciente. "Um analista silencioso estabelece o cenário para uma análise na qual a sugestão vem a desempenhar um papel fundamental... O silêncio excessivo por parte do analista pode alcançar o contrário do que ele espera conquistar pelo que denomina de neutralidade analítica" (Brockbank, 1970, p. 459).

- Em suma, o silêncio do analista tem o potencial de evocar estados variados do ego e tensões pulsionais no paciente. Um silêncio sentido como libidinoso pode propiciar fantasias de fusão e sexo enquanto que um silêncio vivenciado como hostil pode levar a sentimentos de rejeição e retaliação. O silêncio como símbolo de morte pode evocar sentimentos de destrutividade e culpa por parte do paciente, tornando-se o analista o objeto danificado (Kreuzer-Haustein, 1994).

Após ter considerado todos esses aspectos, as questões resumem-se a isso. O silêncio do analista pode tanto auxiliar como prejudicar o processo analítico. Um silêncio em momento inapropriado e motivado por aspectos contratransferenciais pode perturbar o processo (como também pode uma intervenção verbal imprudente). Um silêncio cuidadoso, pelo contrário, pode impulsionar o processo (como também pode uma intervenção verbal apropriada). Isso nos diz que o silêncio do analista funciona muito como as suas palavras. Entretanto, devido à sua "invisibilidade", maus usos do silêncio e erros via silêncio são observados com menos frequência na prática e pouco publicados na literatura.

Silêncio simultâneo

Existem momentos e, por vezes, longos períodos de tempo, em que tanto o analista quanto o analisando ficam em silêncio. De forma geral, esses silêncios podem ser vistos como pertencentes a duas categorias distintas. O primeiro ou *silêncio concorrente*, ocorre quando um impasse não verbal furioso se desenvolve dentro da díade. O paciente fica ressentido e desconfiado e para de falar. O analista, ferido por sentir-se incompreendido, não sabe o que dizer ou, o que é pior, retalia punitivamente ao permanecer em silêncio. As duas partes, embora em silêncio simultaneamente, parecem estar seguindo agendas diferentes. Uma versão mais benigna de tais silêncios "separados" é observada quando um paciente parece estar pensando sobre o analista disse enquanto este aguarda em silêncio. Aqui, também, as duas partes estão em caminhos um tanto diferentes. Esses e outros silêncios similares das duas partes, quando cada um está envolvido em sua atividade mental individual (ver, por exemplo, a vinheta clínica 2) pode ser denominada coletivamente de "silêncios concorrentes".

Em contraste está o *silêncio mútuo* na hora analítica, o qual conota um estado de comunhão sem palavras entre as duas partes da díade clínica. Eles sentem-se em paz, estão em sintonia um com o outro, mas apresentam pouca necessidade de falar (Elson, 2001). A seguinte vinheta ilustra esse fenômeno.

Vinheta clínica 4

Marcy Schectman inicia a última sessão, de sua análise de aproximadamente dez anos, dizendo que no caminho para meu consultório havia se sentido como se estivesse vindo para um funeral. Ela descreve sua experiência de sentir que a tarde apresentava um ar de finalidade, solenidade e de perda. Enquanto permaneço em silêncio, Marcy continua a recontar suas experiências em alguns funerais a que compareceu. Ela chora. Eu também me sinto triste, mas não digo nada. Gradualmente, suas associações mudam para o fato da obtenção de seu doutorado em breve e então para os jantares de formatura, cerimônias de conclusão etc. Ela começa a ficar animada. Em pouco tempo, entretanto, ela se apercebe e observa que essa fala sobre finais felizes (formatura) é defensiva contra sua tristeza (funerais). Significativamente, ela acrescenta que embora esse pudesse ser o caso, os dois lados muito provavelmente representam os dois lados de seus sentimentos em relação a uma separação definitiva de mim: "feliz e triste, triste e feliz". Eu, agora, digo, "Sim, realmente é o que parece", e após uma momentânea pausa, "Mas sabe, todos os funerais ocorridos no tempo certo são um tipo de graduação e todas as graduações contêm elementos similares aos funerais". Marcy balança a cabeça em concordância. Ela permanece em silêncio e, eu também, por alguns minutos seguintes. O sentido de estarmos juntos enquanto separados um do outro fica evidente conforme se aproxima o fim da sessão.

Claramente, o "nosso" silêncio durante esses últimos minutos de sua análise pode ser vistos como determinado por múltiplos fatores. É possível ver o fato de não falarmos como uma recusa a deixarmos o impacto separatório das nossas palavras (sons e voz) roubar-nos de uma fusão ilusória antes da nossa separação definitiva na realidade. Também é discernível um último esforço para capturar a "unidade dual" (Mahler, Pine & Bergman, 1975) ou a "fusão somatopsíquica onipotente, alucinatória ou delirante, com a representação da mãe e, particularmente, o delírio de uma fronteira comum entre dois indivíduos distintos" (p. 45). Entretanto, na medida em que nosso silêncio não é somente mútuo, mas também incluí os ecos de experiências pessoais altamente individuais, o fenômeno se aproxima do que Kafka (1989) denominou de "paradoxo primário de individuação". De acordo com ele, uma simbiose mãe-criança saudável, por sua própria natureza, permite à criança crescer e separar-se da sua mãe. O "paradoxo primário de individuação" supõe que "o amor e a aceitação mútua da separação se tornaram subjetivamente equivalentes" (p. 33).

Observações finais

Neste capítulo, abordei o fenômeno multifacetado do silêncio e descrevi oito tipos de silêncio: (i) silêncio estrutural; (ii) silêncio devido à ausência de mentalização; (iii) silêncio devido a conflitos; (iv) silêncio como *enactment*; (v) silêncio simbólico; (vi) silêncio contemplativo; (vii) silêncio regenerativo, e (viii) silêncio vazio. Coloquei o silêncio no mesmo patamar da fala – especialmente como estes ocorrem no *setting* psicanalítico – ao enfatizar que ambos possuem a habilidade de servir a objetivos similares. Ambos podem ocultar e expressar conteúdos psíquicos. Ambos podem defender contra pressões pulsionais e ambos podem auxiliar a descarregar essas tensões. Ambos podem comunicar transferência e ambos podem ser veículos de *enactment*. Ambos podem induzir e evocar sentimentos contratransferenciais. O paciente pode responder a ambos de forma apropriada ou inapropriada. Ambos podem facilitar ou impedir o progresso do processo analítico. Através de tudo isso e mais, tanto o silêncio quanto a verbalização tornam-se fundamentais para a nossa prática clínica. Nesse ponto, fiz uma breve digressão ao domínio sociocultural e comentei sobre os silêncios (i) dos sem voz, (ii) dos oprimidos, (iii) dos deslocados, (iv) dos cúmplices, e (v) dos adoradores. Retornei, então, à arena clínica e diferenciei os objetivos e as consequências do silêncio do paciente e do silêncio do analista. Além de delinear os princípios técnicos envolvendo estes silêncios de breve e longa duração, descrevi o fenômeno do "silêncio mútuo" na hora clínica e elucidei sua fundamentação ontogenética, bem como "anagógica" (Silberer, 1914).

Agora, desejo concluir propondo algumas questões que não foram abordadas nesse discurso. Estas incluem os questionamentos seguintes. O gênero desempenha um papel na capacidade de se expressar através do silêncio ou de tolerar os silêncios dos outros? Existem fases do desenvolvimento onde o silêncio, pelo menos em relação à linguagem falada, é inevitável (por exemplo, na infância primária) ou preferido (por exemplo, na velhice)? O silêncio (em torno de si ou em partes de si) é condutor do trabalho criativo? O silêncio é um componente fundamental daquele ubíquo processo humano, chamado de luto, e daquele ilusório atributo da personalidade, chamado de "dignidade"? Sem dúvida, contribuições futuras poderão fornecer respostas a estas perguntas, mas devemos considerar a possibilidade de que algumas dessas respostas nos cheguem sem o véu das palavras. Devemos permitir que nosso conhecimento seja enriquecido por um novo manuscrito de silêncio.

Notas

1. Tendo isso em vista, é surpreendente observar que "silêncio" não está listado no índice dos escritos de Freud da *Standard Edition* e também está ausente no compêndio enciclopédico de literatura psicanalítica primária de Fenichel (1945). A situação mudou dramaticamente, entretanto, e uma pesquisa recente na Web PEP produziu oitenta artigos com "silêncio" em seus títulos.

2. Ao falar sobre os geralmente alexítimicos pacientes psicossomáticos, Baranger e Baranger (2009) falam das intervenções que "fornecem palavras

para a descrição de experiências que nunca tiveram palavras. Nesse tipo de interpretação, o analista procede *per via de porre* e não somente *per via di levare*, conforme Freud (1905) exigiu ao se referir aos neuróticos" (p. 102).

3. Anglicismo consagrado pelo uso – ainda sem correspondente em Português. [N.T.]

4. Tendo em vista a ampla utilização deste termo em inglês e o fato da palavra não ter correspondente em Português, optou-se por manter o original. [N.T.]

5. Pine (1988, 1997) continua a lembrar-nos, entretanto, que o corpus heurístico da psicanálise consiste de quatro psicologias: psicologia da pulsão, psicologia do ego, psicologia das relações objetais e a psicologia do *self*. Elas se sobrepõem, mas cada qual acrescenta algo novo para a compreensão do desenvolvimento, da psicopatologia e da técnica.

6. "*Low keydeness*", vertido como rebaixamento: termo originado por Mahler, Pine e Bergman (1975) para descrever um estado afetivo-motor específico visto em crianças que recém começaram a andar, quando separadas de suas mães. Esse estado caracteriza-se pela diminuição da motilidade, diminuição do interesse no mundo externo e no redirecionamento da atenção para a experiência interna. Tudo isso desaparece rapidamente com o retorno da mãe. De acordo com os autores, esse estado reflete o esforço da criança de agarrar-se internamente a um estado ideal do *self*, especialmente como foi vivenciado em uma proximidade agradável com a mãe.

7. O reconhecido psicanalista e filósofo Allen Wheelis contou-me que geralmente senta-se em silêncio por horas antes de começar a escrever (comunicação pessoal, janeiro de 2008).

8. Observe nesse sentido o ritualístico "minuto de silêncio" realizado em homenagem ao falecido. Seu propósito é o de reforçar – ao menos temporariamente – a atenção respeitosa às memorias daquele que partiu.

9. Parece estranho passar da *omerta* Siciliana para o silêncio que nós psicanalistas mantemos sobre transgressões na nossa própria profissão. Nós permanecemos estranhamente silenciosos frente às violações de limites por parte nossos colegas proeminentes. Falamos muito pouco sobre como Stekel fabricava o material clínico (Bos & Groenendijk, 2006), como Khan declarou alegremente ser um príncipe (Hopkins, 2006), e Kohut relatou duas análises do Sr. Z que, na verdade, era o próprio

Kohut e também não houve uma segunda análise (Giovacchini, 2000; Strozier, 2004). Ainda mais surpreendente é a ausência de discurso sobre as implicações do fato de Freud assinar "Dr. Sigm Freud u frau" (alemão para "Dr. Sigmund Freud e *esposa*") quando fez *check-in* em um hotel em Maloha, na Suíça, em 13 de agosto de 1898, com a *irmã de sua esposa*, Minna Bernays (Blumenthal, 2006).

10. As considerações técnicas estabelecidas aqui se referem somente a pacientes adultos. O trabalho com crianças e adolescentes pode impor desafios diferentes, oferecer diferentes oportunidades e carregar diferentes nuances da técnica. Entretanto, por não ter a experiência clínica pertinente, não estou qualificado a comentar sobre esse domínio da psicanálise clínica.

11. Meu foco aqui é nas dimensões psicodinâmicas do fenômeno e não envolve síndromes médicas ou psiquiátricas associadas com silêncio e mutismo. O leitor interessado neste último pode querer consultar Akhtar and Buckman (1977) para o diagnóstico diferencial de mutismo em pacientes adultos, Kolvin e Fundudis (1981), Wong (2010), e Roberts (2002) para o problema multifacetado do mutismo eletivo em crianças.

12. O fato de que uma conversa incessante, sem pausa para autorreflexão ou espaço para que o terapeuta intervenha, pode atuar como resistência, é reconhecido desde os primórdios da psicanálise (Ferenczi, 1915). Mais recentemente, Akhtar (2007) delineou orientações para a interrupção, por parte do analista, desse fluxo de fala do paciente e, Baranger and Baranger (2009) mencionaram a "verborreia enganosa" (p. 181) como reflexo de uma dificuldade na associação livre genuína.

13. Os nomes dados a essa e a todos os pacientes seguintes são fictícios.

14. Ver também o conceito de Modell (1975) sobre a "fase do casulo" da transferência em personalidades narcísicas.

15. Uma compreensão "unilateral" como esta é inevitavelmente baseada na experiência contratransferencial, embora possa ter sido moldada pelas identificações projetivas do paciente. Analistas mais antigos (por exemplo, Loomie, 1961) consideravam o uso das próprias associações do analista em declarações para o paciente como particularmente ousadas. Psicanalistas contemporâneos, especialmente do âmbito relacional, entretanto, apoiam esse tipo de intervenção mais prontamente.

16. O impacto deletério do silêncio do analista é ainda mais evidente no cenário da supervisão, onde a escuta cuidadosa à apresentação do candidato

deve ser permeada de questões, tentativas de clarificação, observações, comentários empáticos e, ocasionalmente, sugestões de formas alternativas de compreensão e intervenção. Alguns supervisores, entretanto, atuam como caricaturas de analistas "clássicos" e eu já ouvi falar de um analista que permanecia totalmente em silêncio durante toda a hora de supervisão. Não é necessário falar que isso confundiu e traumatizou em grande escala o jovem analista em treinamento.

3. Escutando as ações

"O paciente não recorda coisa alguma do que esqueceu e reprimiu,
mas expressa-o pela atuação ou atua-o.
Ele o reproduz não como lembrança, mas como ação."
Sigmund Freud (1914g, p. 150)

Os capítulos anteriores demonstraram que as associações do paciente, bem como seus silêncios, são importantes aliados no trabalho de revelar (ou reconstruir) as narrativas inconscientes que contribuem para seu sofrimento anacrônico. Este cenário prepara-nos para abordar o valor comunicativo do comportamento do paciente. Permitam-me que me apresse a acrescentar que não estou me referindo a ações do paciente em suas vidas "reais". Meu foco é sobre o comportamento do paciente *dentro* da situação clínica e, ainda mais, sobre de que formas o analista pode discernir os significados nesses comportamentos.

Três conceitos úteis

Baseio minha consideração sobre o assunto em três conceitos, a saber, "comunicação não verbal", *"acting in"*, e *"enactment"*. Representando diferentes eras da história da psicanálise e decorrentes de diferentes tradições no campo, esses conceitos oferecem a estrutura conceptual para a compreensão e interpretação das ações do paciente na situação clínica.

Comunicação não verbal

O fato de que os pacientes comunicam informações importantes acerca de seu mundo interno por rotas que não a da palavra falada é reconhecido desde os primórdios da psicanálise. No tratamento que realizou com a Sra. Emmy von N., Freud fez a seguinte observação eloquente:

> *Essa senhora, quando a vi pela primeira vez, estava deitava num sofá com a cabeça repousando numa almofada de couro. Parecia ainda jovem e as feições eram delicadas e marcantes. O rosto tinha uma expressão tensa e penosa, as pálpebras estavam cerradas e os olhos, baixos; a testa apresentava profundas rugas e as dobras nasolabiais eram acentuadas (Breuer & Freud, 1895d, pp. 48-49).*

A obtenção de inferências significativas a partir das expressões faciais desta paciente não é, entretanto, a única evidência à qual Freud atribuiu considerável importância no que diz respeito à aparência e às ações do paciente durante a hora clínica. Isso fica evidente em muitos momentos do caso do Homem dos Ratos, onde Freud (1909d) menciona as expressões faciais de seu paciente.

Outra evidência, ainda, origina-se de sua dedução (1917) de que os pacientes que deixam a porta que dá para a sala de espera entreaberta quando adentram o consultório estão expressando a convicção de que nenhum outro paciente irá entrar depois deles. Todas essas ilustrações enfraquecem, entretanto, quando justapostas com as observações de Freud em "Recordar, Repetir e Elaborar". Ele afirma que, frequentemente:

> *O paciente não recorda coisa alguma do que esqueceu e reprimiu, mas expressa-o pela atuação ou atua-o (acts it out). Ele o reproduz não como lembrança, mas como ação; repete-o, sem, naturalmente, saber que o está repetindo. Por exemplo, o paciente não diz que recorda que costumava ser desafiador e crítico em relação à autoridade dos pais; em vez disso, comporta-se dessa maneira para com o médico (1914g, p. 150).*

Analistas pioneiros pós Freud continuaram a abordar a importância da comunicação via ação. Reich (1933) deu bastante ênfase à dimensão física da armadura de caráter e destacou a rigidez dos paranoides, a graça lírica dos histéricos e a inacessibilidade emocional dos narcisistas, no encontro clínico. Deutsch (1952) cunhou a expressão "posturologia analítica" e criou medidas simples de "gráficos posturais" para captar as associações entre o que os pacientes estavam falando e como eles estavam deitados no divã.

Aproximadamente duas décadas mais tarde, Arlow (citado em Suslick, 1969) categorizou os comportamentos não verbais na situação analítica em quatro tipos: (i) ações que servem como pontuações no material verbal, (ii) ações que desempenham a função de um glossário e explicam o que o paciente está falando,

(iii) ações que servem como notas de rodapé e ampliam o alcance das palavras faladas, e (iv) ações que são erupções automáticas de atividade mental dissociada. É válido ressaltar que as três primeiras categorias designam um status secundário à comunicação não verbal; apenas a quarta categoria lhe dá importância por mérito próprio. Essa inclinação encontrou grande ênfase nos trabalhos de Shapiro (1979), Anthi (1983) e McLaughlin (1987, 1992). Este último fez da comunicação não verbal um foco de sua atenção e documentou seu grande potencial informativo em relação ao processo clínico. As investigações de McLaughlin se estenderam além dos emblemas (movimentos convencionais que são interpretáveis na ausência da fala) e gestos comuns (movimentos corporais que são sincronizados com a fala), passando a incluir ações sutis e frequentemente não percebidas na hora clínica, como cutucar a cutícula, esfregar as pontas dos dedos, tocar a boca e cruzar as pernas.[1]

Acting in

A expressão "*acting in*" é originária dos primórdios da psicanálise. Foi cunhada por Meyer Zeligs (1957) para diferenciar "*acting out*" dentro da hora analítica de "*acting out*" fora da análise. O "*acting in*" pode se restringir aos movimentos corporais e mudanças posturais no divã através dos quais os conflitos inconscientes são manifestados, ou pode envolver comportamentos mais elaborados que expressam memórias reprimidas. De qualquer maneira, ele representa uma "expressão muscular de um processo do pensamento" (Zeligs, 1960, p. 411). Ele pode manifestar fantasias primárias ou extratransferenciais, bem como desejos transferenciais inconscientes (Paniagua, 1998). Seja qual for o caso, algo é colocado em ação ao invés de palavras. Visto dessa forma, o "*acting in*" é uma forma de resistência. Entretanto, quando o material conflitivo pertence aos períodos pré-verbais da infância e não teve representação psíquica e "mentalização" adequadas (Fonagy & Target, 1997), esta comunicação comportamental pode ser a única maneira através da qual é possível encontrar o caminho para a superfície clínica. Aqui, "escutar" ao valor comunicativo do "*acting in*" exige precedência técnica ao invés de ressaltar seu potencial resistencial. Nesse contexto, é interessante observar que, em uma publicação posterior, o próprio Zeligs (1960) considerou "*acting in*" como o ponto médio entre o "*acting out*" e a associação livre.

Enactment

Popular na psicanálise contemporânea, o termo "*enactment*" teve uma breve aparição em um trabalho de Sandler, Dare e Holder (1973), há aproximadamente quarenta anos. Lamentando a demasiada extensão da expressão "*acting out*", esses autores afirmaram que "É talvez um infortúnio o fato de que tal termo como '*enactment*' não tenha sido utilizado na literatura para diferenciar a tendência geral às ações impulsivas e irracionais, do *acting out* relacionado ao tratamento" (p. 100). Eles não podiam imaginar que, quase duas décadas depois, o termo "*enactment*" ganharia imensa popularidade, especialmente no jargão psicanalítico norte-americano.

Em outro trabalho (Akhtar, 2009), descrevi as várias formas diferentes como o termo "*enactment*" é utilizado. Cobrir a vasta literatura sobre esse tópico vai além do escopo deste capítulo, porém indico ao leitor a formidável revisão de Ivey (2008) sobre as ambiguidades de definição do conceito de "*enactment*" e suas implicações técnicas. Aqui, seria suficiente dizer que "*enactment*" possui uma interpretação tanto pela "psicologia de uma pessoa" como pela "psicologia de duas pessoas". A primeira perspectiva refere-se ao fato do paciente colocar suas fantasias transferenciais em ações, ao invés de em palavras (Hirsch, 1998), constituindo-se, portanto, em uma forma "nova e melhorada" do conceito de Zelig (1957) de "*acting in*". A segunda perspectiva sugere que "*enactment*" ocorre quando um paciente inconscientemente induz o analista a viver no *setting* sua fantasia transferencial. A caracterização de Boesky (1989) de *enactments* como "comportamentos que tem uma intenção realizadora" sintetiza essas duas perspectivas de maneira economicamente prudente. Em suma, parece que um aspecto central do *enactment* é a transformação de desejos e fantasias em uma performance comportamental que parece "real". Ações que são classificadas como *enactment* não receberam "contribuições significativas das capacidades do ego de antecipação, tolerância à frustração, ou adiamento" (Jacobs, 1991, p. 32). É exatamente por esta razão que estas ações justificam atenção analítica.

Para facilitar didaticamente a explicação de tudo que é comunicado pelo paciente sob forma de ação, dividirei meu discurso em escutar a ações (i) enquanto organiza a primeira sessão, (ii) quando o paciente chega para a primeira sessão, (iii) durante a consulta inicial, (iv) durante a fase inicial da análise, (v) durante a fase intermediária da análise, e (vi) durante a fase de término da análise. Concluirei sintetizando as observações feitas nessas categorias, inserindo algumas ressalvas e indicando as áreas que necessitam de maior reflexão.

Enquanto organiza a primeira sessão

Nosso primeiro contato com um prospectivo paciente é geralmente pelo telefone. Em outro trabalho (Akhtar, 2009, pp. 14-17), delineei diretrizes práticas para atender a esta primeira chamada telefônica. Aqui, o que desejo enfatizar é que a conversação que se sucede nesse momento contém elementos de ação. Ao fazer essa ou aquela observação ou pergunta, o paciente pode estar na verdade *fazendo* algo com o analista: depositando algo nele, fazendo com que ele regrida, induzindo vergonha, entre outros. As palavras faladas nesse momento adquirem o status de ações e essas ações necessitam ser escutadas com ainda mais cuidado do que as palavras que as incorporam.

Vinheta clínica 5

Enquanto agendava uma consulta pelo telefone, John Schmidt me perguntou duas vezes se o prédio onde ficava o meu consultório tinha um nome, como o Pan Am Building, o Chrysler Building, e assim por diante. Eu fiquei intrigado pela sua resistência, visto que já havia dado a ele o número do meu prédio. Também percebi que ambos os prédios que ele havia mencionado eram situados em Nova Iorque e não na Filadélfia, onde eu atendo. Eu respondi educadamente que meu prédio não tinha um nome, mantendo minha curiosidade para um momento posterior.

Quando ele chegou, a primeira informação que tive foi de que seu nome completo era John Schmidt, Jr. Em seguida, eu soube que ele tinha por padrão a desvalorização de suas conquistas quando o sucesso estava presentes a ocorrer, tanto na área romântica como nos negócios. Parecia haver muita culpa inconsciente oculta em sua psique. Para explorar as origens dessa culpa, voltei-me para a exploração de sua infância. Agora, eu soube que apesar de ter um irmão mais velho, foi ele quem recebeu o nome de seu pai. Frente ao meu questionamento a respeito, ele concordou que isso não era costumeiro, mas disse que ele nunca havia pensado sobre as razões dessa situação incomum. Questionamentos posteriores revelaram que seu irmão mais velho apresentava um leve atraso no desenvolvimento. Nesse momento, aventurei--me numa hipótese. Poderia o seu irmão ter recebido o nome de seu pai e, após a descoberta de seu atraso desenvolvimental, ter recebido outro nome? O paciente ficou mobilizado por essa sugestão e, apesar de não recordar ter escutado algo a respeito enquanto crescia, começou a falar sobre sua tristeza em relação a seu irmão e sobre sua culpa acerca do próprio sucesso, o que ele havia destacado de forma impressionante em muitas ocasiões. Conforme tudo isso foi sendo desabafado, percebi que ele havia fornecido, inconscientemente, uma pista sobre seu problema ao insistir ao telefone que meu prédio (eu) tinha um nome maior e melhor do que meramente um número. Eu comentei sobre a conversa telefônica e apontei que sua insistência de que meu prédio (isto é, eu) tinha que ter um nome melhor era uma maneira disfarçada de "devolver" para seu irmão mais velho o nome que havia pegado emprestado. Em essência, era a sua maneira de reparar o dano que ele sentia ter causado. O paciente começou a chorar e ficou claro que ele se sentiu compreendido de uma forma que ele nunca havia experimentado antes.

Aqui, escutar a ação desempenhada pelo paciente enquanto estava agendando uma consulta auxiliou a clarificar e documentar a hipótese que posteriormente evoluiu na própria entrevista.

Ao chegar ao consultório

Geralmente, a comunicação comportamental do paciente fica mais "alta" quando o mesmo chega, de fato, para a consulta. As roupas (por exemplo, muito formais, muito informais, muito decotadas) escolhidas pelo paciente para usar nesse dia em específico contam uma história a respeito deles. Atrasos na chegada ou confusões acerca do horário da consulta também podem revelar importantes informações sobre a dinâmica do paciente.

Vinheta clínica 6

Após esperar por Gina Spencer, que havia me procurado para uma consulta, por vinte minutos, recebi um telefonema frenético dela. Ela estava procurando pelo meu consultório em um prédio localizado a cinco quadras de distância do meu. Onde eu disse que era meu consultório? Quando repeti meu endereço, ela percebeu seu "engano" e quis saber se ainda poderia vir para a consulta. Pensando que não haveria muito tempo sobrando quando ela chegasse, ofereci a ela um horário em um dia subsequente. Ela se desculpou pelo "engano" e aceitou minha oferta.

No dia anterior à segunda consulta de Gina, eu saí do consultório após o último paciente do dia ter ido embora e encontrei-a sentada na minha sala de espera. Ela estava enraivecida e disse que se sentia muito humilhada por eu ter "abusado" dela dessa forma. Confuso, eu perguntei o que ela sentia que eu tinha feito. Ela respondeu que eu tinha a deixado esperando por uma hora inteira enquanto atendia outro paciente.

Levou alguns minutos para que ela percebesse que havia vindo um dia antes do seu horário agendado! Agora, havia esses dois enactments *mesmo antes de começarmos uma consulta formal. Primeiro, ela veio ao prédio errado e estava freneticamente procurando por mim. Depois, ela veio no horário errado e se sentiu "abusada" por mim. Mantive esses aspectos em mente e decidi ver em que o nosso "terceiro" encontro (isto é, nossa primeira entrevista formal) poderia auxiliar quanto ao esclarecimento das comunicações contidas nesses* enactments. *(Além disso, obviamente, também observei a propensão para* acting out, *resistência, sadomasoquismo e o uso de defesas paranoides.)*

Em sua consulta subsequente, à qual ela chegou pontualmente, Gina contou-me que sua principal dificuldade era uma constante raiva dos homens, desinteresse sexual e oscilações de humor depressivo com ocasionais pensamentos suicidas. Ela revelou que seu pai, com quem era muito apegada, havia abandonado a família abruptamente quando ela tinha cinco anos de idade. Ela nunca mais o viu e estava sempre "procurando" por ele. Quando ela tinha oito anos, sua mãe casou-se novamente. Seu padrasto abusou sexualmente dela até os seus treze anos de idade. Nessa época, a paciente saiu de casa e passou a morar com uma tia. Conforme esse material emergia, trouxe à atenção dela que sua "procura" frenética por mim da primeira vez e o fato de ter se sentido "abusada" por mim da segunda vez eram, talvez, as maneiras encontradas por ela de me colocar no papel de seu pai e de seu padrasto, respectivamente.

Enquanto eu não estivesse em um desses papéis, ela não poderia se relacionar comigo. Talvez ela precisasse de uma terceira chance, uma nova experiência. A paciente começou a chorar e, depois de se recompor, revelou mais detalhes de sua angustiante vida.

O que quero dizer aqui é que *enactments* tão brutos como estes não podem ser ignorados. Eles devem ser refletidos e, mais cedo ou mais tarde, trazidos à discussão. A chave aqui é a vigilância combinada com o cuidado. Isso se aplica não somente à aparência e ao comportamento dos pacientes, mas também às coisas que eles trazem consigo.

Vinheta clínica 7

Quando Alex Bartlett, um advogado de trinta e quatro anos de idade, entrou em meu consultório para a primeira entrevista, percebi que ele carregava uma revista popular em sua mão. Ao sentar, colocou a revista na mesa próxima a ele. A sessão procedeu em linhas convencionais embora eu, em um canto da minha mente, seguisse me questionando sobre a revista. Alheio à minha preocupação, ele continuou a descrever as dificuldades interpessoais que o levaram a procurar ajuda. Ele disse que embora encontrar mulheres não fosse difícil para ele, mantê-las envolvidas certamente era um problema. Uma após outra, elas o deixavam, queixando-se de sua indiferença e autossuficiência. Peguei-me olhando para a revista que ele havia trazido, mas decidi esperar antes de dizer algo a respeito.

Passando para sua história familiar, Alex revelou que seus pais haviam se divorciado quando ele tinha quatro anos e, pelos três anos seguintes, sua mãe havia trabalhado muito para criar a ele e suas duas irmãs mais velhas. Ela trabalhava por longas horas e esperava que as crianças fossem bem-comportadas. Alex se tornou um jovem cortês que foi repetidamente abandonado por mulheres que o achavam simpático, porém desinteressado. Ele havia sofrido muito já que desejava envolvimento e mutualidade em sua vida. Nesse momento, eu o questionei sobre a revista. Ele pareceu surpreso e disse que havia trazido para ler na sala de espera. Perguntei se ele achou que eu não teria materiais de leitura ali e se conseguia perceber o quanto esse comportamento aparentemente inócuo havia denunciado sua ansiedade acerca de dependência e vínculo. Acrescentei que, talvez, fosse esse tipo de "autossuficiência" que havia sido considerado inaceitável (e inconscientemente rejeitado) pelas suas namoradas. Ele se surpreendeu, mas pôde rapidamente ver a dinâmica em ação. Seus olhos encheram-se de lágrimas e ele disse, "Mas eu não consigo evitar. Eu sempre dependi de mim mesmo". Ainda, havia no consultório um claro senso de que um aspecto de sua problemática "armadura de caráter" (Reich, 1933) já havia se tornado egodistônica.

A confusão de Gina Spencer sobre o dia e o horário de sua consulta e o fato de Alex Bartlett ter trazido uma revista popular enrolada em sua mão constituem "pistas comportamentais" para aspectos importantes, se não centrais, de seus conflitos. O diálogo que se desdobrou durante a entrevista ofereceu acesso a um material mais profundo que poderia ser relacionado com o comportamento que o precedia. Mas e se a anamnese não tivesse revelado pista alguma sobre o significado desses comportamentos? Nesse caso, as observações teriam que ser "arquivadas" e mantidas como referência contextual caso alguma explicação para elas emergisse posteriormente. Obviamente, tudo isso levanta a questão da técnica com as ações dos pacientes e isso é algo sobre o qual seguirei abordando neste capítulo e, então, apresentarei sua conclusão de forma mais sucinta e específica. Por ora, sugiro considerarmos as ações que ocorrem enquanto estamos conduzindo a primeira entrevista com o paciente.

Durante a consulta inicial

A comunicação via comportamento não cessa quando o paciente entra no consultório e senta-se no local designado. De fato, algumas pistas muito importantes podem estar ocultas pela maneira como as pessoas se sentam, a postura que assumem e os comportamentos que demonstram – desconhecido a eles – como apostas iniciais. As duas vinhetas clínicas seguintes ilustram o que tenho em mente acerca disso.

Vinheta clínica 8

Troy Blackwell, um estudante de Farmácia de vinte e quatro anos de idade, buscou uma consulta após enfrentar alguns problemas disciplinares em sua faculdade. Ele chegou pontualmente e estava vestido casualmente, usando uma calça jeans e uma camiseta. Enquanto estava sentado na "cadeira do paciente" no meu consultório, ele colocou a mão no bolso na altura do seu quadril e retirou um maço de cigarros sem filtro da marca Camel e um isqueiro um pouco sujo, colocando-os na pequena mesa com tampo de vidro que, em diagonal, ficava entre mim e ele. "Eu não quero que eles sejam esmagados", ele explicou. Eu acenei a cabeça em concordância com seu raciocínio (e racionalização) enquanto me questionava internamente sobre outros significados potenciais dessa ação. Eu também registrei um leve incômodo com a "coisa suja" (essas foram as exatas palavras que me vieram à mente naquele momento) que ele havia colocado em minha mesa limpa e bonita. Será que o gesto prenunciava que um funcionamento sadomasoquista estava prestes a se desenrolar entre nós? Teria sido uma provocação e um desafio ou era um apelo a ser contido? Ou ambos? E, como tudo isso se relacionava com os problemas disciplinares que Troy estava enfrentando em sua faculdade? Foi somente quando ele começou a falar sobre esses aspectos e sobre o fato de que seus professores consideram-no "provocativo" que eu perguntei se ele considerava brandir cigarros em um consultório médico "provocativo" ou não? Troy sorriu, piscou, e disse "Touché!" (sem registrar que mesmo a sua concordância foi expressa de maneira demasiado casual).

O fato de uma ação pequena e involuntária (do ponto de vista do paciente) durante a consulta inicial pode abrir uma linha de investigação mais profunda também é documentada na seguinte ocorrência clínica.

Vinheta clínica 9

Layla Aafandi, uma farmacêutica de trinta anos, de origem Iraniana, compareceu à sua primeira consulta usando um vestido revelador. O decote de sua blusa era grande a ponto de revelar grande parte de seus seios e sua saia ficava na altura da metade da sua coxa. De forma ainda mais surpreendente, ela "sentou" na cadeira com uma postura quase deitada. Suas pernas estavam esticadas e um de seus pés chegava bem perto do meu. Eu fiquei desconfortável com essa situação e imediatamente suspeitei que ela havia sido abusada sexualmente quando criança. Entretanto, eu não puxei meu pé rapidamente. Esperei e passei a escutar a sua história e a coletar informações pertinentes. A história de abuso sexual na infância (pelo seu pai) logo veio à tona. Nesse ponto, eu afastei delicadamente o meu pé e comentei que a sua maneira de se sentar, a qual criava a possibilidade de contato físico entre nós, talvez estivesse relacionada ao que havia lhe acontecido no passado. Talvez ela estivesse, involuntariamente, induzindo o desconforto de uma proximidade não desejável em mim para que eu pudesse saber emocionalmente como ela havia se sentido quando criança. Ademais, me parecia que ela também estava testando se era seguro estar comigo. Essas observações levaram-na a sentar-se mais ereta, a chorar e a gradativamente revelar uma história de muitas explorações sexuais, incluindo dois estupros durante a vida adulta.

Os seguintes pontos devem ser observados no que diz respeito às duas situações clínicas mencionadas. Nos dois exemplos, eu (i) percebi quase que de imediato que a paciente estava tentando comunicar algo através de uma ação, (ii) aguardei um pouco para ver como isso se desdobraria, (iii) não respondi com uma contra-atuação, (iv) fiz um comentário interpretativo na forma de um questionamento gentil, e (v) me referi à ação somente após um material que apoiasse minha hipótese ter se tornado disponível nas palavras faladas da paciente. O impacto benéfico dessa resposta titulada em criar e fortalecer a "aliança de trabalho" ou "terapêutica" (Greenson, 1965; Zetzel, 1956) é especialmente evidente quando o trabalho real de psicoterapia intensiva ou da psicanálise se inicia.[2]

Durante a fase inicial do tratamento

A tendência de comunicar sentimentos através de ações geralmente se intensifica quando um paciente desiste de sentar e começa a deitar-se no divã. A consequente perda do contato visual amplia a distância do analista. O analista, então, precisa estar ciente dos efeitos decorrentes disso sobre os estados afetivos e as capacidades egoicas do paciente, bem como das estratégias defensivas mobilizadas pelo paciente para compensar essa distância ampliada entre eles. Falar rápida e incessantemente para fortalecer o contato com o analista, encolher-se amedrontada como uma bola para segurar-se e resmungos inaudíveis para incitar atividade do analista, são ações que revelam a ansiedade decorrente desse aumento da distância e devem ser entendidas como tal, mesmo que sejam consideradas como não "prontas" para interpretação. Manifestações incomuns de ansiedades pertencentes a esse aumento repentino da distância também devem ser mantidas em mente.

Vinheta clínica 10

Jean Rosenbaum passou a deitar-se no divã de forma que uma porção significativa de seu rosto ficasse visível para mim e eu me peguei repetidamente olhando para ela. Eu me sentia "puxado" a fazê-lo por uma combinação de curiosidade e leve ansiedade. Minha compreensão acerca dessa situação era multideterminada e incluía a superestimulação que havia recebido na infância pela nudez parental. Essa ansiedade escopofílica reversa em provocar exibicionismo também parecia relacionada à sua angústia de perder contato visual comigo. Entretanto, visto que Jean não estava falando sobre isso (nem de forma direta ou indireta), eu decidi esperar e suportar, no entremeio, a tensão que sua ação estava produzindo em mim.

Esse exemplo aborda outro aspecto importante da técnica. A habilidade do analista em discernir um significado "mais profundo" em uma ação do paciente (seja derivada de sua familiaridade com a história do paciente ou desenvolvida a partir de sua experiência clínica e conhecimento psicanalítico geral) não significa automaticamente que ele possa ir em frente e fazer uma interpretação nestas linhas. Fases iniciais do tratamento demandam especial cautela e é melhor que o analista restrinja sua interpretação a um conceito "próximo da experiência" e contextualmente aos aspectos imediatos da ação do paciente. Mesmo para isso, tem-se que geralmente esperar por uma oportunidade; esta pode vir sob a forma de comentários do próprio paciente sobre a ação, de associações que aproximem a hipótese que a análise tem desenvolvido ao longo do tempo, ou de parapraxias ou sonho com conexões com a ação em questão.

Vinheta clínica 11

Sylvia Smith, uma enfermeira pediátrica de 36 anos de idade, veio me ver porque estava ficando ansiosa devido a um envolvimento com um homem estar se aprofundando. Não que o relacionamento fosse ruim ou que o homem não fosse de seu apreço. Era justamente o contrário. Ela gostava imensamente dele e estava se apaixonando por ele, mas estava aterrorizada quanto a possibilidade de perdê-lo e machucar- -se. Ela disse que estava se envolvendo em "pequenas doses" para que ele não a abandonasse. Suspeitando que houvesse voracidade, insegurança e culpa, eu explorei sua história de vida precoce durante a sessão e não me surpreendi quando descobri que ela havia sido abusada sexualmente quando criança, pelo seu tio. E, quando ela contou à sua mãe, esta se recusou a acreditar nela.

Conforme nosso trabalho evoluía e ela ingressava propriamente na análise, percebi que ela não deitava por completo no divã porquanto deixava um de seus pés firmemente plantados no chão. Era como se ela estivesse sempre pronta para se levantar e sair. Esse comportamento, talvez, indicava ansiedade acerca de "render-se" ao divã (com todos os medos inerentes de ser abusada), defesa contra sua voracidade pela minha atenção (envolver-se comigo em "pequenas doses"?), e recusa pela culpa de colher todos os benefícios de estar no divã, capaz de associar livremente e ser escutada de forma livre de julgamentos.

Em contraste a esse comportamento discreto de manter um pé no chão fora a oferta completamente inesperada de um presente, pela paciente, dentro de poucas semanas após o início de sua análise.

Vinheta clínica 12

Ao final de uma sessão no segundo mês de sua análise, Melanie Wright, uma jovem um tanto propensa a avaliar eventos do ponto de vista psicológico, ofereceu-me uma sacola cheia de maçãs. Ela disse que havia ido colher maçãs no final de semana e queria que eu ficasse com algumas. Fiquei surpreso. Nem o seu jeito característico e tampouco o material da sessão havia me preparado para isso. Eu respondi, "Eu agradeço que você tenha me trazido esse presente, mas não posso aceitá-lo. Veja, nossa tarefa aqui é a de compreender, nos esclarecer quanto ao seu funcionamento mental e, consequentemente, vir a enfrentar suas dificuldades. Não podemos, portanto, movermo-nos para ações, especialmente ações cujo significado nos são desconhecidos. Agora, eu lamento se minha posição fere seus sentimentos, mas eu não peço desculpas porque a minha intenção não é a de magoá-la." Ela ouviu cuidadosamente e acenou a cabeça em concordância. Então, eu acrescentei espontaneamente, "Por exemplo, maçãs. O que lhe vêm à mente sobre maçãs?" Ela respondeu "a maçã de Adão!... Adão e Eva... fruta proibida". Ela sorriu, ficou corada e balançou a cabeça dizendo "eu entendo, eu entendo".

Em nível superficial, essa vinheta demonstra como a manutenção firme de uma estrutura terapêutica e o "convite" à paciente para se tornar mais curiosa estabelecem as bases de uma boa aliança. Ela ilustra como mesmo uma interpretação parcial dos *enactments* durante a fase inicial pode enriquecer o "ego observador" (Fenichel, 1941) do paciente. Em análise mais profunda, contudo, ela também instiga a interessante questão que é a de se pequenos *enactments* durante a fase inicial da análise ocorrem apenas após o desenvolvimento de uma aliança de trabalho considerável entre os parceiros da díade clínica. Quando, como e quanto interpretar permanecem, contudo, as principais preocupações clínicas. Veja o exemplo seguinte como um potencial instigador destas questões.

Vinheta clínica 13

Sempre que se levantava para sair após sua sessão terminar, Randy McCall, um médico internista Texano em meados de seus cinquenta anos, parava à porta, olhava de volta para mim e enunciava o dia e a hora da nossa próxima consulta. Havia um tom bastante questionador nesta fala: "Terça às 14h?", "Quarta às 16h?", "Sexta ao meio dia?", e assim por diante. Enquanto ele lançava a pergunta ao atravessar a sala, eu, ainda sentado em minha cadeira, sentia como se Randy na verdade tivesse jogado um gancho e estivesse puxando tão forte que eu teria que acenar a cabeça em concordância. Mover minha cabeça para cima e para baixo não parecia estar sob meu controle; era como se ele estivesse me forçando a fazê-lo. Não concordar parecia algo que poderia fazer, mas para isso eu teria que resistir ativamente a sua atração. Algumas palavras aparentemente inócuas por parte dele exerciam o impacto de uma ação poderosa, embora invisível.

Randy McCall era um dos meus casos "controle", isto é, um analisando com quem trabalhei durante meus anos de treinamento para me tornar analista. Naquela época, eu fazia supervisão semanal com a renomada analista infantil Selma Kramer (1921-2000). Confuso quanto à forma "correta" de responder ao comportamento do meu paciente ao final de cada sessão e desejando aprender pontos mais refinados da técnica, pedi orientação à minha supervisora. Devo acenar em concordância? Ou devo fazer um esforço para impedir minha cabeça de balançar para cima e para baixo? Ela riu e me disse que eu deveria fazer o que me parecesse natural. E então ela disse – o que me parece evidente trinta anos mais tarde – que mais importante do que acenar ou não acenar a cabeça em concordância estavam dois outros aspectos: (i) o que está motivando o paciente a fazer isso?, e (ii) a que se deve minha ansiedade em atender a sua "exigência"? Não sendo capaz de ir às profundezas que ela estava me levando, eu insisti em encontrar uma receita comportamental para meu dilema. "Devo então chamar a atenção dele para o fato?" eu perguntei. Ela permaneceu firme, dizendo que eu deveria esperar até que algum material envolvendo vínculo, separação, perda, incerteza acerca de encontrar e reencontrar objetos amorosos aparecessem de forma verbal. Só então eu deveria comentar sobre suas ações. Olhando em retrospectiva, percebo a sabedoria de seu conselho de supervisão.

Uma nota interessante dessa experiência clínica é que aproximadamente vinte anos mais tarde, eu encontrei exatamente esse mesmo comportamento nas fases iniciais da análise de uma analisanda do sexo feminino originária do Oriente Médio. Eu não estava somente preparado para lidar com isso naquele momento, como também percebi que a propensão para atuação (comunicação) dessa forma atravessa diferenças de gênero e cenários culturais. Minha fé na universalidade das ansiedades humanas básicas e sua comunicação via ação foram aprofundadas.

Durante a fase intermediária do tratamento

Antes de abordar os tipos de ações que podem ocorrer durante a fase intermediária da análise e como se "escuta" e se reponde às mesmas, pode ser válido explicar o que entendemos pela designação de "fase intermediária". Tendo em vista que ela é delicadamente única para cada paciente – de fato, para cada díade clínica – pode ser suficiente dizer que a "fase intermediária" inclui tudo que acontece entre o final da "fase inicial" e o estabelecimento da "fase de término". Com base nessa proposta, delineei, em outro trabalho, as características da "fase intermediária" da seguinte maneira.

> Se isso estiver correto, o início da "fase intermediária" se daria pela cristalização das reações transferenciais fugazes em uma neurose de transferência. A "fase intermediária" duraria até que as pressões transferenciais sobre o analista diminuíssem, a atenção do paciente se direcionasse para o futuro e que houvesse evidências razoáveis de que transferências importantes tenham sido elaboradas; em outras palavras, quando o término estiver no ar. O trabalho analítico durante a "fase intermediária" (por exemplo, Fenichel, 1941; Greenson, 1967) caracteriza-se pela análise consistente da resistência, pelo aprofundamento da experiência transferência-contratransferência, pela análise de sonhos, pelo manejo interpretativo dos enactments, pelas

reconstruções e, acima de tudo, pelo enfadonho processo de elaboração pelo qual o paciente obtém insight sobre quantas formas diferentes e com que facilidade autoenganosa ele permanece vulnerável a seus desejos infantis; tentar novas formas de ação, manter vigilância acerca do potencial para regressão, a auto-observação crescente de núcleos da infância em conflito com a vida adulta, e recriações transferenciais, são tarefas da "fase intermediária" (Akhtar, 2009, p. 172, destaque adicionado).

Tendo em vista que o tópico sob consideração aqui é a tendência do paciente de se comunicar por ações, é o "manejo interpretativo dos *enactments*" que tem mais importância para nós.

Conforme a transferência se aprofunda e a regressão se estabelece, cenários terríveis criados por fantasias infantis adentram a consciência. Nesse processo, eles produzem ansiedade visto que o ego, tendo as relegado ao porão do inconsciente dinâmico, é agora forçado a lidar com a turbulenta pulsão resultante. Medidas desempenhadas pelo ego para gerir esse "novo" material incluem aumento da repressão (falha que resulta em contar parapraxias e sonhos), negação (o que deixa o material emergir à consciência em sua forma invertida), e atuação (o que libera um pouco da tensão e, sob circunstâncias favoráveis, proporciona o material acessível a interpretação). Uma sintonização empática com essas defesas secundárias facilita a investigação de paradigmas transferenciais mais novos e desenvolvimentalmente primários.

Vinheta clínica 14

Ruby Kaplan, uma jovem borderline *magra, temerosa e imensamente carente, estava em análise cinco vezes por* semana. *De tempo em tempo, ela se sentia um pouco mais segura de que era aceita por mim. Geralmente, isso era resultado de uma parte da análise superegoica, onde a natureza defensiva de suas inibições havia se tornado mais observável a ela, que aprendeu sobre as raízes e usos atuais de terroríficas injunções internas. Na maior parte do tempo, tinha medo de me sobrecarregar e era imensamente grata pela minha atenção. Em outros momentos, expressava uma necessidade de me ver com maior frequência, de ter sessões mais longas, me encontrar a qualquer hora, e assim por diante. Cinco sessões semanais de cinquenta minutos certamente não pareciam suficientes. Eu a encorajei a me falar mais a respeito. Ela revelou que, quando criança, sentia-se horrivelmente rejeitada pela mãe, que severamente desencorajava qualquer contato físico entre elas. Ela chorou. Nós continuamos dessa forma desconjuntada.*

Certo dia, Ruby revelou que havia descoberto onde eu morava e tinha dirigido até lá para dar uma olhada na minha casa. Eu experimentei sentimentos mistos ao escutar isso. Principalmente, fiquei fascinado por esse tipo de aprofundamento da transferência. A relação entre esse comportamento e seus desejos infantis de tocar sua mãe estava clara para mim. Quando eu trouxe isso à sua atenção, ela, também, percebeu a relação. Entretanto, o material não se aprofundou. Questionamentos acerca das fantasias que ela tinha sobre minha casa, do que ou quem ela realmente queria ver, do que a casa significava, de como olhar a minha casa pode ter sido uma forma de evitar desejos de me ver de forma mais completa (ela estava no divã) produziram fracos resultados. Gradativamente, visitar a minha casa passou a ser um padrão regular. Três a quatro vezes por semana, incluindo fins de semana, ela dirigia pela rua onde moro, diminuindo a velocidade enquanto passava pela minha casa e olhando-a intencionalmente. De vez em quando, de dentro da minha casa, eu podia vê-la passar em seu carro. Eu me sentia invadido e incomodado. Ao ouvir seus relatos sobre essas visitas durante suas sessões, fui lembrado de que ela queria me ver mais do que cinco vezes por semana, por sessões mais longas, e a qualquer hora. Eu me perguntei se este controle coercitivo ocultava um medo subjacente de ter-me "matado" durante os intervalos? Ou, era uma necessidade desenvolvimental? Em outras palavras, o desejo da paciente de ter mais contato era uma defesa contra hostilidade reprimida ou o fato de ela ir até minha casa era uma forma inovadora de ter mais sessões, sem as quais ela se sentia completamente desorganizada? Duas intervenções eram, então, possíveis. Uma inclinava-se à interpretação das ações defensivas e/ou provocativas. A outra envolvia reconhecer os aspectos adaptativos do seu comportamento, que buscava a satisfação de uma necessidade egoica que eu havia falhado em atender. Escolhi esta última intervenção e isso facilitou o progresso do nosso trabalho. A paciente se sentiu compreendida, trouxe novas memórias e, gradativamente, parou de passar pela minha casa.

Embora essa vinheta clínica demonstre a importância comunicativa de ações fora do conforto dos aposentos clínicos, o seguinte relato de Pulver (1992) ilustra como as mudanças da postura de outrora e dos movimentos das mãos podem denunciar um novo desenvolvimento no eixo transferência-contratransferência durante a hora clínica.

Vinheta clínica 15

Uma paciente minha vinha descrevendo, por algum tempo, certos comportamentos notoriamente maldosos de sua mãe, comportamentos que estavam sendo vistos como ilustrativos do egocentrismo da mãe, da sua natureza crítica e da incapacidade de ser empática com os sentimentos e desejos da paciente. Após sua descrição de um incidente que a havia deixado particularmente aborrecida, eu perguntei como ela achava que sua mãe estava se sentindo quando agiu dessa forma. Ela tentou abordar essa questão, mas havia uma distância e um torpor peculiares em sua resposta. Suas mãos, que antes gesticulavam, ficaram silenciosas. Todo o seu torso superior, antes engajado com animação na descrição, estava agora imóvel no divã e, ainda, havia um nivelamento do tom de sua voz. Comentei sobre a mudança e perguntei se estava relacionada com a minha pergunta. Ela estava interessada em me comunicar a agonia que sentiu quando sua mãe estava sendo ultrajante, enquanto eu parecia estar mais interessado em sua mãe. Ademais, havia certo criticismo na forma como eu fiz a pergunta, como se eu estivesse dizendo, "pare de sentir tanta pena de si mesma e preste um pouco de atenção à sua mãe". E, então, percebi que de certa forma era exatamente o que eu estava fazendo. Minha intenção manifesta havia sido a de ajudar a paciente a lidar com o comportamento de sua mãe através da compreensão de alguns sentimentos subjacentes a ele. Sem perceber, entretanto, eu havia me tornado impaciente com a litania das queixas da minha paciente e estava, de forma velada, dizendo a ela para desenvolver e ser construtiva. Enquanto eu e ela explorávamos o que havia acontecido entre nós, ela deu o primeiro passo em direção a uma compreensão inicial gradativa de um processo pervasivo. O mesmo que ocorreu entre nós geralmente acontecia entre ela e sua mãe. O comportamento hostil de sua mãe emergiu não somente de sua própria hostilidade, mas porque minha paciente havia provocado sua irritação e seu criticismo. Isso abriu novas possibilidades para a compreensão do complexo relacionamento entre a minha paciente e sua mãe (p. 166).

Nem todos os *enactments* são tão explicitamente transferenciais.[3] Em muitos casos, as fantasias que o paciente reprimiu e agora precisa apresentar para consideração analítica e domínio do ego surgem quase que de repente. É possível, então, ver uma erupção de ações que, embora rastreáveis às transferências ativas, aparecem em grande parte como passagens da narrativa da "psicologia de uma pessoa" do paciente.

Vinheta clínica 16

Millie Horowitz, uma empresária em meados de seus quarenta anos, infeliz no casamento, havia buscado ajuda em um estado sobrecarregado após um desastre financeiro na empresa que possuía. Na superfície, isso se dava pela inaptidão de seu chefe de contabilidade. Entretanto, logo ficou aparente que o contador estava roubando grandes somas de dinheiro da empresa e isso contribuiu para sua ruína. A Sra. Horowitz ficou dolorosamente surpresa com essa traição e nunca havia pensado que isso pudesse acontecer.

Conforme nosso trabalho progredia, um padrão de ser enganada e explorada emergiu gradativamente: o homem com quem ela casou havia se tornado um dependente de drogas; seu filho, em idade universitária, a deixou chocada ao revelar que era gay; seu amante extraconjugal não era solteiro como dizia ser, era casado. A lista continuava. Além da ingenuidade masoquista (o que resultou em uma necessidade inconsciente de punição), a Sra. Horowitz também demonstrava uma vulnerabilidade para acidentes frequentes, pequenos e grandes.

Filha de pais sobreviventes ao Holocausto Nazista, a Sra. Horowitz havia crescido sentindo que qualquer problema que ela tivesse enfrentado quando criança era de pequena consequência quando comparado ao que seus pais haviam sofrido. Ela se sentia culpada por ter necessidades, desejos e ansiedades específicas de sua idade. Ela não podia contar com seus pais. Uma declaração contrafóbica de independência da versão internalizada dessa armadilha vivencial a havia levado a promiscuidade e abuso de drogas durante a adolescência. Em meados da idade adulta, ela havia se estabelecido de certa forma, mas então se casou com um dependente de drogas e *passou novamente a envolver-se com drogas. Quando chegou até mim, entretanto, estava livre das drogas havia alguns anos.*

Temas transferenciais importantes desenvolveram-se, provocando- me através de cancelamentos abruptos, esquecimento das nossas sessões e, por vezes, chegando pouco antes de o tempo da sessão se esgotar. Estas ações comunicativas foram interpretadas como apelos masoquísticos de punição e a encorajaram a falar sobre os "crimes" que havia cometido e pelos quais desejava ser punida. Por volta dessa época, a Sra. Horowitz começou a perder coisas: chaves do carro, celular, carteira. Algumas vezes, ela chegou ao meu consultório sem identidade, por assim dizer, um tanto quanto atordoada. Estas ações pareciam refletir sua identificação culposa com seus pais sobreviventes do Holocausto. Conforme insinuei essa possibilidade, fantasias acerca do que havia acontecido com eles e o que eles haviam sofrido emergiram em meio a um turbilhão emocional. Como resultado, nosso trabalho alcançou um nível mais profundo.

O que essas três vinhetas demonstram é que um continente corajoso e também uma desconstrução interpretativa rigorosa, constituem a estratégia ótima no manejo das ações dos pacientes durante a "fase intermediária". Entretanto, isso não deve ser compreendido como significando que *todos* os comportamentos do paciente devem ser *sempre* submetidos à interpretação. Nada pode estar mais longe da minha intenção. Sem dúvida, o analista observa e especula privadamente sobre todos os elementos (incluindo as ações) do que está ocorrendo em todas as sessões, mas no que se refere a realmente abordar determinado tema, o analista deve selecionar e escolher. Não há lugar para avidez, mesmo que epistemológica ou "avidez analítica" no trabalho clínico. A seguinte vinheta ilustra como não abordar um comportamento pode ser, por vezes, a melhor opção terapêutica.

Vinheta clínica 17

Debbie Stein, uma advogada muito bem-sucedida de sessenta e poucos anos, que se divorciou duas vezes, desenvolveu uma doença grave durante seu tratamento analítico comigo. Repetidas hospitalizações, muitas situações de proximidade com a morte e sua condição física comprometida demandaram a conversão da psicanálise em psicoterapia; a frequência das sessões teve que ser reduzida e ela passou a sentar-se na poltrona. Durante uma dessas sessões, percebi que ela havia pegado um pequeno objeto da mesinha que ficava entre nós e ficou "brincando" com ele enquanto falava sobre sua saúde frágil e dos alarmantes efeitos colaterais da medicação que estava tomando contra o câncer. Considerando o fato de que Debbie não tinha filhos, não tinha um companheiro em sua vida e estava lidando sozinha com o sofrimento de uma doença grave e com repetidas idas a clínicas e hospitais, eu senti que o fato de ela tocar o objeto que pertencia a mim era uma forma de sentir-se viva e em contato com o mundo, bem como de estabelecer um conforto físico tranquilizador comigo. Talvez ela quisesse um abraço ou ao menos que eu segurasse sua mão? Se sim, ela havia encontrado uma forma conveniente e aceitável de satisfazer esse

desejo. Eu vi pouco sentido em "estragar" essa gratificação
pela intrusão interpretativa.

Não obstante tais exceções, as ações dos pacientes durante a fase intermediária geralmente demandam intervenção do analista. Estabelecer conexões entre ação e fantasia, domínios transferenciais e extratransferenciais, pulsão e variáveis defensivas, memórias e fantasias inerentes a estas ações e, então, engajar o paciente em uma análise mútua dessas conexões, possibilitam a elaboração de tais materiais. Feito repetidamente – a partir de perspectivas diferentes – esse trabalho intensivo prepara o terreno para o término.

Durante a fase de término do tratamento

Com a diminuição substancial das pressões transferenciais e a ascendência do ego, se estabelece o terreno para o término. Melhora da modulação afetiva, substituição de defesas primitivas por defesas mais maduras, a cessação de sonhos repetitivos e a capacidade aprimorada para relações objetais, caracterizam essa fase. Outra característica é o aumento da capacidade egoica de sublimação e controle de impulsos. Grandes *enactments* são, portanto, incomuns na fase de término, a não ser que o paciente tenha por característica a propensão à ação. Mesmo no caso contrário, a comunicação não verbal mantém-se em cena e pode demandar atenção. Ademais, o frequente reaparecimento dos sintomas durante essa fase também pode fundamentar situações significativas de "*acting in*".

Vinheta clínica 18

Charles Tucker iniciou a análise devido, em grande
parte, a seus conflitos com figuras de autoridade e a

consequente instabilidade de sua situação profissional. Ele esperava excelência moral e profissional de seus superiores e, quando estes o desapontavam, ficava muito bravo e cáustico com relação a eles. Orgulhava-se por ser absolutamente confiável, admitir honestamente seus erros, e por ser exigente com seus talentos e diligência.

A história de vida de Charles revelava um padrão constante de idealização-decepção em relação ao seu pai, que lhe prometia todo o tipo de "gratificações", (por exemplo, "Claro, eu lhe comprarei uma bicicleta nova", "Eu vou lhe dar o meu carro quando você se formar no colégio", "Você verá que grande festa eu vou promover quando você ingressar na faculdade de medicina", e assim por diante) mas nunca as cumpria. As expectativas de Charles eram sempre estimuladas e frustradas.

Durante sua análise, parte central do trabalho girava em torno de material transferencial derivado da sua relação angustiante, embora esperançosa, com seu pai. Charles esperava que eu fosse articulado, altamente perspicaz e que o impressionasse com meu domínio sobre a psicanálise (sua descoberta de que eu havia escrito uma série de livros na área deu certa "plausibilidade" a essa pressão transferencial). Ao invés disso, ele me encontrou trabalhador e desprovido de graça e citações da literatura analítica. Sentiu-se desapontado e irritado. Interpretações transferenciais levaram a mais memórias precoces infantis de sua desilusão com seu pai.

Juntamente com tais transferenciais estavam aquelas onde ele me prometeria coisas e falharia em cumprir (por exemplo, "Ah, eu não lembro o nome desse autor que você adoraria ler... direi amanhã", mas então ele "esquecia" de abordar esse tópico novamente (e suas dimensões edípicas positivas e negativas)). Tais inversões de papéis também tinham que ser interpretadas. A aquisição gradativa de domínio do ego sobre esse domínio e a separação – adquirida por insight – entre as percepções infantis e as percepções realistas dos "chefes" resultou na melhora das relações em seu local de trabalho. Charles passou a ser mais tolerante e empático frente a seus superiores. Em contrapartida, eles demonstravam maior aceitação dele.

No último mês de sua análise, Charles pagou a conta sem atraso. Ao olhar o cheque – depois de ele ter ido embora – eu fiquei chocado: em vez de $ 2.800, ele havia escrito $ 28.000. Em seguida, percebi que ele havia colocado a quantia certa em palavras: "dois mil e oitocentos dólares". Minha reação emocional foi mista: eu senti uma grande emoção em "receber" $ 28.000 – "Uau! Tanto dinheiro!" – mas fiquei rapidamente "desapontado" porque, na verdade, eu receberia apenas $ 2.800. Me senti como o pequeno Charles que fora repetidamente "ludibriado" pelo seu pai. Na sessão seguinte, trouxe isso à atenção de Charles e, em pouco tempo, nós dois fomos capazes de ver como ele havia invertido a situação e reproduzido, via enactment, *uma identificação com seu pai bombástico.*

A relativa facilidade com que *enactments* do tipo mencionado podem ser interpretados baseia-se no fato de que seu conteúdo fora repetidamente elaborado nas fases precedentes da análise.

Essa facilidade de interpretação não é a única característica da fase de término quanto ao manejo das ações do paciente. A esperança renovada na atualização de fantasias transferenciais pode, por vezes, demandar uma nova reconstrução rigorosa e gradativa, tornando o trabalho parecido com o da fase intermediária. Finalmente, o surgimento de um presente por parte do paciente – um que tenha sido discutido previamente – na última sessão da análise, geralmente contém uma combinação de *enactment* transferencial e gratidão genuína do "relacionamento real" com o analista (Smolar, 2002). Aqui, o primeiro aspecto precisa permanecer não analisado devido ao tato e à falta de tempo disponível. Dispensável acrescentar que se o trabalho precedente foi bem--sucedido, o presente dado pelo paciente será em grande parte apropriado e de natureza "realística".

Observações finais

Neste capítulo, abordei as ações comunicativas do paciente como estas aparecem desde o princípio do contato clínico, durante as fases inicial e intermediária do tratamento até o seu término. Ao longo dessa discussão, forneci vinhetas clínicas ilustrativas e tentei demonstrar como estas ações são "escutadas" e manejadas tecnicamente. As observações conclusivas e sintetizadoras que eu gostaria de fazer agora se classificam em seis categorias.

- Primeiramente e mais importante, é necessário ressaltar que a separação entre "ação" e discurso na comunicação do paciente tem suas limitações. As ações podem falar mais alto do que palavras e as palavras faladas podem desviar-se de suas funções comunicativas e transformar-se em ações (ver o Capítulo 6 para mais detalhes a respeito). A distinção precisa entre ação e palavra falada foi feita, em grande parte, por propósitos didáticos e deve ser considerada apenas como tal.

- Em segundo lugar, tendo em vista que o paciente está sempre "atuando" (por exemplo, entrando e saindo do consultório, sentando ou deitando, levantando para sair, pagando a conta), a questão acerca de quais ações justificam atenção analítica é legítima. Em outras palavras, quais podem ser os marcadores de comportamentos que são considerados adequados de tal atenção? A reposta é tripla: (i) o comportamento é surpreendente e incomum, se não completamente bizarro (por exemplo, o paciente recusa-se a sentar ou vem sem camisa), (ii) o comportamento ameaça quebrar a estrutura terapêutica (por exemplo, o paciente recusa-se a falar seu nome, cancela frequentemente as sessões, tenta ser violento), e (iii) o comportamento é o único dado disponível (por exemplo, quando o paciente fica crônica e persistentemente em silêncio).

- Em terceiro lugar, a maneira e o grau em que os significados de tais comportamentos podem ser discernidos e comunicados ao paciente variam de acordo com a fase do tratamento. Nos estágios iniciais, intervenções dirigidas às ações do paciente são gentis, visam chamar a sua atenção e ampliam a narrativa. Elas também são restritas ao âmbito extratransferencial. Conforme o tratamento procede, entretanto, o analista pode fazer observações mais profundas e revelar os aspectos transferenciais destas ações. A reconstrução das raízes infantis de tais ações e os significados que subjazem as mesmas também passa a ser possível. Embora isto seja verdade, podem haver situações "no início do tratamento, nas quais uma interpretação precoce e profunda pode ser necessária para superar uma resistência persistente particular. Tais manobras, quando utilizadas, são geralmente resultantes de intuição e não de estratégia técnica" (Jacobs, 1991, p. 5).

- Em quarto lugar, as diretrizes interpretativas descritas devem ser acompanhadas do reconhecimento de que nem todas as ações – incluindo as que são bastante perceptíveis – devem ser abordadas e decifradas. Muitas necessitam ser apenas percebidas em silêncio, "toleradas" e deixadas intocadas (ver a vinheta clínica 11).

- Em quinto lugar, é necessário lembrar que todos os analistas não escutam da mesma forma. Alguns enfocam o fluxo e refluxo das associações do paciente. Alguns consideram suas próprias associações um método mais confiável para compreender o paciente. Outros são sensíveis a silêncios e podem descobrir significados das pausas mais comuns. Outros, ainda, são experts na observação da postura do paciente, dos movimentos de mãos e pés no divã, e de pistas cinéticas em geral. Portanto, o limiar da escuta de ações estabelecido acaba sendo bastante variável. As variáveis do analista também entram em jogo nesse aspecto.

- Isso nos traz ao último ponto, de que o discurso neste capítulo foi em grande parte – apesar de não exclusivamente – centrado na experiência interna do paciente, especialmente da forma como é "traduzida" e comunicada via descarga motora. As ações do analista receberam pouca ênfase. Tais ações, juntamente com os estados emocionais e pensamento-*rêverie* do analista, formam o assunto do capítulo seguinte.

Notas

1. Em contraste com esses colaboradores, que enfocam as comunicações não verbais do paciente, Jacobs (1991) dá ênfase aos movimentos físicos e mudanças posturais do analista durante a sessão (ver Capítulos 1 e 4 para detalhes).

2. Implícito em tal postura está o que se refere a manter uma "distância ótima" (Mahler, Pine, & Bergman, 1975) das profundezas da mente do paciente. Em outro trabalho (Akhtar, 1992), discuti a importância técnica do conceito de distância ótima do início ao fim do tratamento (e mesmo após o mesmo) em detalhe.

3. Analistas kleinianos contestariam, obviamente, tal afirmativa, visto que eles consideram que todas as associações (e, portanto, todos os *enactments*) estejam relacionadas à transferência (Hinshelwood, 1989).

4. Escutando a si próprio

"O inconsciente do médico é capaz, a partir dos derivados
do inconsciente que lhe são comunicados, de reconstruir esse
inconsciente, que determinou as associações livres do paciente."
Sigmund Freud (1912e, p. 116)

Até esse momento do livro, meu foco foi direcionado a como o analista lida com o material oferecido pelo paciente (por exemplo, associações, ações, silêncios). Agora, volto minha atenção ao que acontece, ao mesmo tempo, na mente do próprio analista e como um exame cuidadoso e contínuo desses aspectos aprofunda o conhecimento acerca das nuances do processo clínico, bem como dos desejos e das preocupações do paciente. Na terminologia psicanalítica clássica, me refiro ao potencial informativo do fenômeno da "contratransferência". Entretanto, nossa teoria evoluiu muito desde seus primórdios. A introdução do conceito de "identificação projetiva" (Klein, 1946), a atenção ao papel da empatia do analista (Fliess, 1942; Greenson, 1960; Kohut, 1977,

1982; Olinick, 1969) e a emergência das perspectivas intersubjetiva e relacional (Mitchell, 1988, 1993; Mitchell Aron, 1999; Ogden, 1986, 1994; Stolorow & Atwood, 1978) desafiaram as ideias originais sobre contratransferência (ver a seguir). É melhor, portanto, iniciar com um breve esclarecimento dessa mudança heurística e somente então abordar os aspectos específicos da experiência do analista que requerem atenção.

Contratransferência, empatia, identificação projetiva, intersubjetividade

Sigmund Freud (1910d) cunhou o termo "contratransferência" para descrever os sentimentos gerados no analista "como resultado da influência do paciente em seu inconsciente" (p. 144). Ele acreditava que esses sentimentos emergiam das dificuldades neuróticas do analista, eram um obstáculo ao fluxo apropriado do tratamento e poderiam ser evitados se o próprio psicanalista fosse analisado. Partindo dessa pioneira observação, passando pelas elucidações subsequentes do próprio Freud e de outros, até as visões contemporâneas, a saga da "contratransferência" deu muitas voltas. As seguintes mudanças importantes na visão do fenômeno constituem os pontos nodais nessa história.

- Freud (1912b, 1915a, 1931b, 1937c) enfatizou repetidamente as limitações impostas ao trabalho analítico pelos pontos cegos do psicanalista. Muitos analistas seguintes reforçaram essa visão "estreita" da contratransferência e a consideraram um empecilho. Fliess (1953), por exemplo, afirmou que "a contratransferência, sempre resistência, deve ser sempre analisada" (p. 270). A. Reich (1951), Gitelson (1952) e Hoffer (1956) concordaram. Até mesmo Winnicott (1960b), reconhecido por sua abertura emocional, descreveu a contratransferência como resultante das "características neuróticas do analista que corrompem a atitude profissional e perturbam o curso do processo analítico como determinado pelo paciente" (p. 17).

- Outros (por exemplo, Sharpe, 1947) afirmaram que a contratransferência não era somente ubíqua, mas essencial. Money-Kyrle (1956) se referiu à empatia como uma contratransferência "normal" e Little (1960) declarou que "sem contratransferência inconsciente não haveria empatia e tampouco a própria análise" (p. 30). É somente através da empatia que o analista é capaz de estabelecer identificações experimentais temporárias com o paciente e compreender emocionalmente sua postura. A empatia, o pré-requisito para compreender a experiência do paciente e formular interpretações a respeito, foi posteriormente promovida por Kohut (1977, 1982) ao nível de uma intervenção propriamente dita com pacientes narcisistas.

- Paula Heimann (1950) liberou o conceito de contratransferência de suas conotações negativas, colocando-o no centro da técnica psicanalítica. Ela ampliou o conceito de forma a incluir *todos* os sentimentos experimentados pelo analista durante a sessão analítica. De acordo com ela, "A resposta emocional do analista a seu paciente dentro da situação analítica representa uma das ferramentas mais importantes de seu trabalho – [ela] é um instrumento de pesquisa sobre o inconsciente do paciente" (p. 81). Embora não descartem que os pontos cegos, conluios e indulgências ou privações indevidas do analista possam ser prejudiciais ao paciente, muitos outros analistas (Fromm-Reichman, 1950; Little, 1951; Racker, 1953) confirmaram que os dados obtidos via contratransferência podem fornecer informações úteis com relação ao paciente e acerca do que está ocorrendo no processo analítico.

- Heinrich Racker (1953, 1957, 1958) quebrou o conceito monolítico de contratransferência ao classificar os fenômenos associados nos tipos direto e indireto. "Contratransferência direta" referia-se à resposta emocional do analista ao paciente. "Contratransferência indireta" referia-se à resposta emocional do analista a alguém importante para o paciente (ver também Bernstein & Glenn, 1978; Jacobs, 1983; Searles, 1979, sobre esse assunto). A "contratransferência direta" possuía duas subcategorias, denominadas contratransferências "concordante" e "complementar". A primeira incluía a ressonância empática do analista com os conflitos sentidos pelo paciente; isto era, obviamente, mais evidente se o analista tivesse ele próprio conflitos similares. A segunda se referia à identificação inconsciente do analista com alguma parte não sentida e projetada da estrutura psíquica do paciente; a experiência emocional do analista nesse caso era "oposta" à do paciente. O lembrete de Joseph Sandler, Christopher Dare e Alex Holder (1973) de que o prefixo "contra" é utilizado de duas formas diferentes na língua inglesa, isto é, para designar um paralelo (por exemplo, a contraparte) ou para opor-se a algo (por exemplo, um contra--ataque) é pertinente nesse contexto. Outras considerações acerca da fenomenologia da contratransferência incluem sua intensidade (de leve a severa), duração (aguda ou crônica) e visibilidade clínica (grosseira ou sutil).

- A posição "clássica" de que a contratransferência era uma manifestação dos conflitos não resolvidos do analista logo cedeu lugar à posição de que esta era "criação do paciente" (Heimann, 1950, p. 83). Essa ideia originou-se do conceito de Klein (1946) de "identificação projetiva", segundo o qual um indivíduo deposita suas representações de *self* inaceitáveis (e os afetos e aspirações associados a elas) na mente de um Outro receptor. Essa visão tornou-se bastante popular, especialmente dentre os analistas que trabalhavam com indivíduos severamente regressivos, *borderline*, e em nível quase psicótico. Kernberg (1984), por exemplo, declarou que "quanto mais regressivo for o paciente, mais ele força o analista a reativar características regressivas nele próprio, visando manter-se contato com o paciente... Quanto mais regressivo for o paciente, mais globais serão as reações emocionais do analista" (pp. 266-267). Em contraste com Racker (1957), Kernberg sugeriu que a contratransferência, sob tais circunstâncias, origina-se não somente da identificação do analista com as representações objetais projetadas do paciente, mas também da sua identificação com as representações de *self* projetadas do paciente.

- Uma mudança ocorreu também no grau ao qual o "*enactment* contratransferencial" (Jacobs, 1986) era considerado inevitável. Primeiramente, sentia-se que o analista deveria ser capaz de monitorar suas respostas afetivas ao paciente, refletir sobre elas e, a partir disso, aprender sobre o paciente, sobre ele próprio, sobre a interação entre eles e sobre o processo analítico. Entretanto, gradativamente passou-se a reconhecer que há uma "subjetividade irredutível" (Renik, 1993) na experiência do analista; ele revela certa "responsividade de papel" (Sandler, 1976) à externalização do paciente e compreende analiticamente o significado da mesma apenas após o evento. Um problema oposto também surgiu. Este envolvia a resistência do analista a sentir fortes afetos na situação clínica (Coen, 2002), tornando-se, assim, incapaz de analisar o material do paciente em sua veracidade e profundidade.

- A ascensão das perspectivas relacional e intersubjetiva (Benjamin, 1995, 2004; Mitchell, 1988, 1993; Ogden, 1986, 1994; Stolorow, Brandchaft & Atwood, 1987, 1992) impulsionam a ideia inovadora de que tanto a transferência quanto a contratransferência são essencialmente cocriadas. A proposta fundamental desses modelos é de que a motivação predominante por trás da atividade mental não é a de descarregar tensão instintual, mas a de buscar conexão e comunicação relacional. A contratransferência, por seus proponentes, não é somente ubíqua e inevitável como também uma característica aceitável e útil do trabalho clínico. De forma mais importante, a contratransferência equipara-se ao interjogo dialético entre as realidades subjetivas de paciente e analista e a realidade intersubjetiva que é criada – de forma contínua e sempre mutável – pela interação entre eles.

- Mais recentemente, Parsons (2007) trouxe uma nova perspectiva para apoiar o conceito de contratransferência. Ele lança uma importante questão: "Se a contratransferência pode se originar da psique do analista e prejudicar a análise, ou da psique do paciente e ser capaz de auxiliar a análise, poderia também a análise evocar elementos pertencentes à psique do analista que poderiam beneficiar a análise?... A nova possibilidade que estou propondo não exige que o analista supere um obstáculo em si mesmo ou que reconheça uma identificação projetiva para poder colocar a análise de volta aos trilhos. A ideia de que aspectos inconscientes da psique do analista mobilizados pelo encontro analítico possam não ser impedimento para a análise, mas trazer criatividade a essa, leva-nos além do conceito usual de contratransferência" (p. 1452). O conceito de Fox (1998) de "contratransferência positiva inobjetável" também é pertinente aqui.

Essa breve sinopse da literatura demonstra que (i) ressonâncias emocionais com (e/ou recuo defensivo de) o material do paciente são esperadas, (ii) essas experiências refletem as transferências do analista para o paciente, sua empatia com o paciente, sua identificação com as partes projetadas do paciente, e o material que é coconstruído na matriz intersubjetiva do relacionamento entre eles, (iii) embora um *enactment* ocasional e reflexivo possa ser inevitável, recuperar-se dele informa o analista acerca do processo analítico em um nível mais profundo, e (iv) uma vigilância inabalável quanto à participação emocional do analista no processo – sem perda de espontaneidade – é necessária e pode ser um poderoso aliado do ego de trabalho do analista. Mesmo Freud, que foi inicialmente reservado quanto à "contratransferência", passou a defender implicitamente sua posição quando afirmou que "e todos possuem, em seu próprio inconsciente, um instrumento com que podem interpretar as elocuções do inconsciente das outras pessoas" (1913c, p. 130).

Para auxiliar na sintonia fina desse "instrumento inconsciente", o analista deve observar sua experiência interna conforme as seguintes categorias. Tal categorização é, obviamente, artificial e foi feita aqui a serviço da clareza didática. Contudo, sugiro que, visando compreender a totalidade da sua experiência, o analista praticante deve escutar cuidadosamente a (i) suas associações, (ii) suas emoções, (iii) seus impulsos, e (iv) suas ações. Agora, detalharei cada uma dessas categorias separadamente.

Escutando as próprias associações

Conforme o paciente começa a falar e a sessão se inicia, o analista encosta-se em sua poltrona e escuta cuidadosamente às associações do paciente (ver Capítulo 1), tenta dar um sentido a seus silêncios longos e breves (ver Capítulo 2) e mantém-se atento quanto à atividade motora grosseira e sutil (ver Capítulo 3). O analista faz um esforço consciente para organizar e compreender o material do paciente para que possa chegar a uma "conjetura" (Brenner, 1976) acerca de seus significados potenciais; isso se torna, então, a fundamentação para suas intervenções faladas. Em conjunto com essa atividade mental deliberada por parte do analista, há certo "ceder" às produções do paciente, um tipo de maleabilidade psíquica e uma "regressão a serviço do outro" (Olinick, 1969). Isso possibilita um estado de *revêrie* no qual as associações livres transitam dentro e fora da mente do analista. Oscilando entre essa "responsividade livremente flutuante" (Sandler & Sandler, 1998) e uma exploração intencional de sua experiência subjetiva, o analista obtém um contato mais profundo com o paciente e com os aspectos pré-conscientes e inconscientes do diálogo clínico. Ao ficar muito atento às suas associações, o analista aprende muitos aspectos importantes acerca da patologia do paciente e do estado momento a momento dos desenvolvimentos transferenciais. A seguinte vinheta clínica ilustra esse aspecto.

Vinheta clínica 19

> *Marsha Nardozi, uma mulher severamente esquizoide em análise, estava, certa vez, deitada completamente silenciosa e imóvel no divã. Tendo em vista que os esforços de minha parte para encorajá-la a associar livremente ou mesmo engajá-la em uma conversa, por assim dizer, haviam falhado miseravelmente em ocasiões similares anteriores, decidi adotar uma postura mais tranquila. Deixei que ela ficasse da forma que se sentisse "confortável" e aguardei. O consultório estava em absoluto*

silêncio. Marsha deitava quieta no divã, imóvel; era difícil saber até mesmo se ela estava respirando. Então, uma memória da infância passou pela minha mente. Esta pertencia a uma viagem do ensino fundamental ao museu local, quando eu tinha oito anos de idade. Eu estava especialmente animado em ver a múmia egípcia que eu soubera que estava lá. Entretanto, quando chegamos ao museu, tive uma grande decepção. Ao chegar à sala onde a múmia ficava, tudo que podíamos ver era uma caixa de vidro, na qual havia um caixão de madeira firmemente fechado, onde, presumidamente, estava uma múmia envolta em tecido. Era tudo muito distante. Por não ver a múmia, em sua mórbida majestade, eu fiquei arrasado. Ao acordar, por assim dizer, desse meu estado onírico, retornei à postura autorreflexiva de um analista. Percebi que havia uma "múmia" presente naquele exato minuto no consultório; Marsha, de fato, estava morta. Talvez ela tivesse sido morta por alguém. Ou, talvez, ela estivesse me dizendo "Olhe, eu já estou morta, não me mate". E, obviamente, a vida do meu self analítico também estava ameaçada de extinção. Sem dúvida, tais "insights" foram úteis em ampliar minha validade da paciente ou em ao menos desenvolver uma conjetura plausível a respeito. Mas poderiam estas ser comunicadas ao paciente?

Vinheta clínica 20

Bill Trenton, um jovem borderline em psicoterapia duas vezes por semana, explodiu de raiva quando me recusei a atender sua solicitação por analgésicos. Em tom intimidante, ele ameaçou arrancar meus olhos e esmagá-los sob seus sapatos. Enquanto eu escutava, flutuou à minha mente uma imagem de mim mesmo como uma boneca de pano (note, a boneca feminina, significando talvez uma transferência materna) erguida por ele enquanto enucleava meus olhos. O fato de que o enactment *estava recapitulando uma interação cruel pais-filho dos anos de vida iniciais de Bill era evidente pela diferença de tamanho entre nós (na fantasia) e pela desumanização associada (pela imagem da boneca) na contratransferência. Ademais, o próprio Bill parecia estar diabolicamente se transformando em uma máquina de tortura. A imagem da boneca informou-me acerca da natureza das representações* self-objeto *ativas no eixo transferência-contratransferência. Mas como – e, em que grau – utilizar essa compreensão na intervenção que eu faria, permanecia uma questão sem resposta.*

Vinheta clínica 21

Quando Caroline Smith, uma jovem alta e atraente de pouco mais de trinta anos, iniciou a análise, logo percebi que usava as mesmas roupas todos os dias. Não somente a vestimenta era, literalmente, a mesma, dia após dia, esta era deselegante e a fazia parecer menos atraente do que poderia ser. Ao olhar sua cabeça na almofada do divã, a partir da poltrona atrás dela, percebi claramente que também não havia lavado seu cabelo. E, peguei-me desejando que ela lavasse seu cabelo, mudasse suas roupas e melhorasse sua aparência. De fato, de tempos em tempos, eu a imaginava em um vestido longo e esvoaçante, seu cabelo longo reluzente em seus ombros, seu rosto maquiado e suas unhas das mãos e dos pés lindamente pintadas. Minha revêrie era quebrada a cada dia quando aparecia com as mesmas roupas sujas de antes. E, obviamente, eu me questionava sobre as origens dessa "visão" (Akhtar, 2009; Loewald, 1960). Quanto desta havia sido originária dos meus próprios desejos (e da minha impaciência com sua aparência malcuidada) e quanto desta era reflexo dos desejos não verbalizados de Caroline de abandonar seu masoquismo?

A importante questão abordada por essas vinhetas clínicas é a seguinte: o que pode (e/ou deveria) fazer o psicanalista com suas próprias associações livres durante a hora clínica?[1] Ele pode revelá-las para o paciente? Ou deve guardá-las para seu uso próprio, para comparar e contrastá-las com o que lhe acontece mais tarde na sessão (ou em sessões subsequentes)? Suspeito que analistas diferentes lidem com tais questões de formas diferentes. Eu, por exemplo, já revelei parte das minhas associações logo *após* o paciente ter atingido certa compreensão que, para nós dois, parecia correta. Por exemplo, eu poderia dizer, "Sabe que, justamente quando você relacionou esse sentimento de culpa com a sua mãe, eu estava pensando sobre o ocorrido quando você..." Em contraste com essa revelação "confirmatória" da associação do analista está o que Bollas (1992) recomenda: um compartilhamento sensato das associações livres do analista para impulsionar o processo analítico a seguir em frente. Ele afirma que esta prática é talvez mais comum do que reconhecida normalmente, embora tal revelação espontânea e não formulada das associações do analista seja geralmente tomada erroneamente como uma interpretação. Bollas empaticamente distingue as duas.

Quando o psicanalista fala ao analisando de um pensamento ou memória espontâneos que lhe ocorreram em reposta ao material ou à presença do paciente, esta é uma revelação seletiva *de uma associação livre. Caso ele reúna muitas associações e observações em uma compreensão consciente do material do paciente, trata-se propriamente de uma interpretação (ibid, p. 113, grifo do original).*

Bollas recomenda firmemente que a revelação da associação livre do analista não seja feita (i) enquanto o processo dinâmico do paciente está se desdobrando tranquilamente e o paciente estiver falando sem qualquer hesitação observável, (ii) com espírito de generosidade e "amizade", e (iii) com uma exigência implícita de que o paciente a responda. Pelo contrário, a revelação deve (i) ser seletiva, (ii) ser relacionada ao material do paciente, (iii) ser não formulada, o dado bruto da mente do analista, (iv) constituir "uma ligação pré-consciente com os pensamentos latentes inconscientes" (ibid., p. 116) do paciente, e (v) seguir-se de uma avaliação cuidadosa acerca do uso que o paciente faz dela (ver também as visões de Jacobs, 1991, descritas no Capítulo 1).

Escutando as próprias emoções

Outro aspecto da experiência subjetiva do analista durante a hora clínica é o de suas emoções. Mobilizados pelos eventos ocorrentes na multifacetada matriz da díade clínica, os afetos do analista pertencem a três categorias: (i) emoções sentidas *em relação* ao paciente (por exemplo, amor, ódio, afeição, ternura, preocupação), (ii) emoções sentidas *com* o paciente (por exemplo, tristeza ou felicidade com base na ressonância empática), e (iii) emoções sentidas *em nome do* paciente (por exemplo, sentimentos decorrentes da identificação projetiva do que o paciente não é capaz de suportar em si mesmo). Estar ciente de que esses desenvolvimentos podem ocorrer e ter curiosidade acerca de suas origens quando efetivamente aparecerem, pode produzir informações significativas sobre a dinâmica e organização estrutural do paciente.

Vinheta clínica 22

Brooke Aggers, uma caloura universitária de 18 anos que parecia uma criança quando marcou a consulta pelo telefone, deixou-me surpreso quando chegou para a sessão. Ao abrir a porta para recebê-la ao consultório, imediatamente percebi quão pouca roupa ela estava usando e o quanto estava revelado pela roupa. O "choque" que senti foi – mesmo que seja constrangedor admitir – devido a um intenso desejo voyeurístico e cobiça sexual; logo senti autoaversão por culpa.

Quando ela sentou e começou a falar sobre o que a tinha trazido até mim, eu já havia me recomposto e passei a me questionar acerca da natureza potencialmente coconstruída dos meus sentimentos. Então, olhei para o seu rosto e vi que era o rosto de uma criança muito triste. A discrepância entre a exibição desesperada do corpo e os olhos lacrimejantes era surpreendente. A saga que se desenrolou consistia em um terror de ser considerada desinteressante por um namorado

> *muito mais velho, um sentimento de não adaptação à cidade grande (sendo ela recém-chegada de uma área semirrural) e, mais importante, a vivência de um desconforto crônico em relação a um pai alcoolista severo que ela frequentemente percebia olhando-a de maneira lasciva. Agora, passei a me sentir triste e bastante preocupado com ela.*

Nesse exemplo, meu intenso desejo de olhar seu corpo exposto e minha cobiça sexual originaram-se de uma "responsividade de papel" (Sandler, 1976) que levou-me a reagir em relação a ela como o seu pai havia feito em inúmeras ocasiões. O fato da minha "indução" a esse papel ter ocorrido *antes* que eu tivesse qualquer informação acerca da história da paciente demonstra como, via manobras inconscientes, as pessoas comunicam mensagens sobre seu estado interno aos outros. As duas emoções subsequentes – culpa e um sentimento de compostura que caracteriza minha postura analítica habitual – podem ser vistos como o resultado da "desidentificação" com o seu pai lascivo introjetado e do reestabelecimento dos limites *self*-objeto de minha parte. É notável que esses movimentos tenham sido puramente afetivos e não estiveram acompanhados de palavras na minha mente. O mesmo é verdadeiro em relação aos sentimentos de tristeza e proteção despertados em mim no decorrer da entrevista. Tais pistas subjetivas sem palavras são importantes aliados do analista porquanto podem fornecer informações significativas acerca do mundo interno do paciente. Por vezes, esses momentos afetivos são silenciosos e sutis e, em outros momentos, barulhentos e poderosos. Por vezes, essas emoções são desencadeadas por algo que o paciente diz ou fala (como na vinheta anterior) e, por vezes, são consequência das próprias intervenções do analista.

Vinheta clínica 23

Andrea Roberts, uma advogada narcisista, passou os primeiros dois anos de sua análise comigo em uma "transferência casulo" (Modell, 1975). Ela vinha regularmente, porém parecia completamente alheia a mim. Nada do que eu fizesse ou falasse parecia afetá-la. Dei passos lentos, esperei. No terceiro ano de sua análise, eu tive que me ausentar por alguns dias, com pouca antecedência. Ela recebeu a notícia de sua forma indiferente característica. Entretanto, iniciou a sessão seguinte dizendo que um cliente havia cancelado um compromisso naquela manhã e ela tivera algum tempo livre. Ela começara a mexer em sua mesa e se deparou com uma apólice de seguro de casa que havia comprado meses atrás. Ficou desapontada em perceber que estava cheia de falhas.

Agora, ouvindo o que parecia ser uma alusão levemente disfarçada ao meu afastamento, senti uma onda de entusiasmo. Meu costumeiro sentido de tédio com ela havia evaporado; eu estava alerta, envolvido e mentalmente ágil. Eu disse, "Talvez seja mais fácil para você falar sobre uma apólice de seguro com falhas do que de uma análise com interrupções repentinas". Algo estranho aconteceu, entretanto, enquanto eu emitia essas palavras. No meio do que me parecia uma interpretação astuta, comecei a sentir que eu estava incorreto e, no momento em que terminei de falar aquelas vinte palavras, eu "sabia" que havia ferido a paciente de alguma forma. Andrea permaneceu em silêncio por um tempo em resposta à minha intervenção. Então, respondeu com voz magoada, "eu posso entender como chegou ao que disse, mas me magoa o fato de que eu estava realmente preocupada com a apólice e me parece que você não estava prestando atenção à minha preocupação a respeito".

Ficou evidente que, ao revelar rapidamente o que estava subjacente a um derivativo de seus sentimentos acerca da nossa separação, eu havia ignorado a necessidade da paciente em manter esse disfarce. Eu havia desconsiderado sua necessidade de controlar os limites entre sua vida psíquica consciente e inconsciente e de criar esse controle em seu próprio ritmo. Em parte, isso ocorreu porque eu sucumbi ao sentimento de "felicidade analítica" que senti ao reconhecer que essa mulher narcisista estava afinal demonstrando alguma evidência de vínculo comigo. Minha interpretação foi, na verdade, um *enactment* contratransferencial. O segundo movimento afetivo da minha subjetividade ocorreu quando – no meio da interpretação – percebi que eu a estava magoando. Este foi um reconhecimento pré-consciente de minha ganância analítica, bem como da minha sintonização empática com o ressentimento ainda não verbalizado da paciente. Sendo esses insights posteriores, tal "escutar" às minhas emoções aprofundou a compreensão da necessidade intensa da minha paciente de regular a emergência à sua consciência de afetos relacionados a vínculos.

Escutando os próprios impulsos

Além das associações e afetos experimentados pelo analista enquanto escuta ao paciente, uma experiência subjetiva altamente informativa e tecnicamente útil é constituída pelo sentir-se impelido a fazer algo. O analista pode sentir uma pressão para agir de maneira amorosa ou hostil, por exemplo; impulsos de carinhosamente abraçar ou acariciar o paciente são expressões frequentes do primeiro tipo. Impulsos de ridicularizar, zombar e até mesmo bater no paciente são exemplos frequentes do segundo tipo. A intensidade e a duração desses impulsos variam. Eles podem ser fracos e transitórios ou fortes e tenazes. Frente a estes últimos, o analista pode se sentir distraído, exercer um esforço mental para suprimir o risco de atuá-los e, no processo, perder contato com o paciente. Contudo, o fato é que – a não ser que o analista seja caracterologicamente debilitado – a experiência desses impulsos se deve a situação de entrar em contato com alguns aspectos profundos do paciente. Algo rejeitado e repudiado dentro do paciente ganhou vida, por assim dizer, dentro da subjetividade do analista.

Vinheta clínica 24

Melanie Wright, uma jovem masculinizada (mencionada também no Capítulo 3) buscou tratamento devido a sentimentos de ansiedade e certa tensão conjugal. Ela havia entrado em pânico quando seu marido foi demitido e, embora ele tenha conseguido conquistar um vantajoso emprego em seguida, ela permanecia ansiosa; na verdade, ela temia que eles viessem a passar necessidades. Ela e seu marido frequentemente discutiam em decorrência desse medo dela e o atrito entre eles estava crescendo.

O que mais me surpreendeu quando a vi pela primeira vez, contudo, não foi essa ansiedade indevida, mas o fato de que ela – uma jovem com cerca de vinte anos – aparentava um menino adolescente. Após fazer essa nota mentalmente, continuei coletando alguma história pregressa. Aconteceu que seus pais se divorciaram quando ela tinha seis anos de idade e ela foi criada por uma mãe amorosa, porém atarefada e trabalhadora. Dois outros fatos importantes foram que a ocorrência do divórcio foi precipitada pela revelação de seu pai de que era gay e o fato de que a jovem Melanie teve que crescer com um irmão mais velho difícil que constantemente a machucava, às vezes fisicamente. Todos os fatores, ao que parece, trabalharam em uníssono e levaram ao comprometimento de sua feminilidade. O fato de que ela estava casada há três anos e parecia amar seu marido parecia um tanto inadequado.

Quando começamos a análise, percebi que eu estava experimentando algo que eu nunca havia sentido durante a hora clínica. Enquanto Melanie falava – às vezes hesitante e outras vezes livremente – sobre esse ou aquele assunto, eu senti um desconforto peculiar na minha caixa torácica e na área abdominal superior. Era como se alguém estivesse me fazendo cócegas intensamente (minha mente se direcionou a algumas memórias infantis que envolviam meu irmão mais velho). Eu repetidamente desejava mudar minha posição na cadeira, como se estivesse tentando fugir das cócegas. Juntamente com esse desconforto físico, também senti impulsos de interrompê-la dizendo algo absurdo e totalmente desconectado do que Melanie estava falando. Se, por exemplo, ela estivesse falando sobre o divórcio dos seus pais, eu sentia vontade de perguntar se ela sabia qual é a capital do Iowa e se ela refletia sobre seu futuro financeiro, ou eu tinha a necessidade de conversar sobre as complexidades da poesia urdu.

Embora eu mantivesse esses impulsos sob controle, a experiência era, no entanto, enervante. Eu ficava me questionando acerca do que isso queria dizer. Qual seria o impacto sobre ela se eu mencionasse meus pensamentos passageiros? Sem dúvida, ela ficaria chocada. Poderia sentir que eu era bizarro, se não completamente louco. Algumas semanas de contenção desses impulsos, aguardando, permitindo que o material se desenvolvesse e conduzindo análise defensiva gradativa, levaram-na a revelar que seu pai não havia se tornado somente gay, mas bastante "louco": ele havia pintado os tetos das salas de estar e de jantar de roxo, começara a convidar seus amantes gays para ir até sua casa e fazia sexo na frente de Melanie e de seu irmão (quando a mãe estava fora, trabalhando). Uma ou duas vezes, ele havia convidado os filhos a juntarem-se a ele e seu amante na cama enquanto faziam amor. Conforme esse material emergia – em meio a muito sofrimento e choro – eu percebi uma redução repentina dos meus impulsos de "agir loucamente"!

Com a tensão contratransferencial mais controlada, fui capaz de pensar melhor acerca do que havia acontecido entre mim e a paciente. Minha "conjetura" (Brenner, 1976) era de que a paciente tinha ficado chocada com o comportamento perverso de seu pai e havia internalizado esse cenário de relações objetais traumático. Contudo, este permanecia "não metabolizado" e precisava ser depositado em mim, como os elementos beta de Bion (1962b), para minha continência e processamento. Ela só conseguiria recuperá-lo depois que sua capacidade de suportar o trauma e de "mentalizar" (Fonagy & Target, 1997) fosse desenvolvida.

Enquanto isso não acontecia, eu tinha que suportar a nociva experiência alternando entre os papéis de vítima (por exemplo, meu sentimento de impiedosamente fazerem-me cócegas) e do perpetrador (por exemplo, me desejo de chocá-la ao falar absurdos) da violência psíquica.

Identificações projetivas (Joseph, 1987; Kernberg, 1967; Klein, 1946) desse tipo não são, entretanto, limitadas a cenários contaminados por agressividade. Uma ativação sutil, iridescente e, ainda assim, inaceitável de objetos internos bons (há muito esquecidos ou desejados) também pode originar impulsos egodistônicos no analista, mesmo que estes sejam de natureza "amorosa".

Vinheta clínica 25

Olga Bokor, uma cientista imigrante, sentou-se no divã (sim, ela não estava deitada naquele dia) e desabou em lágrimas em um choro de cortar a alma. Ela estava passando por um divórcio muito doloroso e por não ter parente algum na cidade – ou mesmo no país – estava sentindo-se terrivelmente sozinha. O marido de Olga, um homem narcisista e paranoide, a havia deixado encurralada do ponto de vista legal-financeiro. Este era um pesadelo para o qual seu próprio masoquismo havia contribuído, sem dúvidas.

Mais relacionado aos assuntos em discussão aqui está o fato de que ao assisti-la se desestruturar tanto, eu senti um forte desejo de levantar da minha cadeira e segurá-la em meus braços. Parecia adequado. Obviamente, no refúgio de meu forte abraço, ela se

acalmaria, iria se recompor e ficaria mais tranquila.
O impulso era forte e certamente parecia humano.
Contudo, resistir ao impulso e minha mente revelou
que eu também ansiava pelo prazer sensual de ter
seu corpo tremendo contra o meu. Parecia-me que
também havia um interesse meu aqui. E, não muito
distante, sexo. Decidi conter meu impulso. Gradativa-
mente, ele passou. Ela, também, ficou mais composta.
No dia seguinte, uma Olga mais relaxada, se não ra-
diante, apareceu em meu consultório. Ela anunciou que
ao deixar meu consultório no dia anterior, havia se sen-
tido de certa forma melhor, mais forte e poderosa. Como
se alguém estivesse verdadeiramente do seu lado. Como
se ela não estivesse sozinha. Impulsionada por esses sen-
timentos, ela havia demitido seu incompetente advoga-
do e contratado um advogado altamente recomendado e
de grande reputação na área. "Se você não tivesse estado
comigo como o fez ontem, eu acho que não teria conse-
guido fazer isso", ela disse.

Como no exemplo anterior, aqui, também, tolerar os impulsos mobilizados na contratransferência e não atuá-los provou-se útil. Ademais, parece que o meu desejo (de abraçá-la) foi de fato comunicado, de alguma forma, para ela; talvez a própria abstinência resoluta tenha sido percebida como um *holding* (Winnicott, 1960b) firme e cumprido a função de ego auxiliar da qual a paciente precisava desesperadamente. Perguntei à paciente se foi isso que ocorreu? Não. Isso teria sido analiticamente ganancioso e, tornar a função de *holding* um tema da nossa discussão intelectual iria, paradoxalmente, desprover a experiência de seu valor. Esse era o tipo de coisa que, em cada sessão, deixamos sem interpretação enquanto enfocamos outro material. Tal discrição, "tato" (Loewenstein, 1951; Poland, 1975) e escolha sobre o que enfocar e o que deixar intocado são essenciais ao nosso trabalho diário. Com mais frequência do que o contrário, somos capazes de conter nossos impulsos e aprender sobre o paciente (e sobre nós mesmos) a partir disso.

Escutando as próprias ações

Embora nossos impulsos para atuar durante a hora clínica nos ensinem acerca do que está acontecendo no eixo transferência--contratransferência, por vezes, uma aprendizagem desse tipo ocorre somente após termos colocado algo em ação. Tais ações são notavelmente diversas; elas podem ser momentâneas e praticamente imperceptíveis ou grosseiras e surpreendentes. Algumas permanecem limitadas a erguer a sobrancelha, inclinar-se na cadeira ao falar e aumentar o tom de voz. Jacobs afirma que:

> *Mudanças na postura, bem como outros movimentos corporais, podem ser motivados por inúmeros fatores, incluindo fadiga muscular e desconforto físico, padrões de movimento estabelecidos característicos de qualquer indivíduo, bem como um estímulo que emerge como resultado de preocupações pessoais e conflitos. Não obstante, se é verdade que o analista, buscando compreender as comunicações inconscientes do paciente, é capaz de utilizar os pensamentos e as fantasias que emergem em sua própria mente para auxiliá-lo nesse processo, pareceria justificável presumir que outro caminho para expressão dessa atividade mental inconsciente, isto é, o da descarga motora, possa ter validade similar... Quan-*

do o inconsciente do analista está em sintonia com o do paciente – resumidamente, quando ele está escutando bem – certos aspectos de seus movimentos corporais, reflexos de seus próprios processos mentais de ressonância, ocorrerão em resposta às associações do paciente... A situação analítica na qual todas as faculdades do analista estão engajadas na compreensão empática e na qual ocorrem regressões temporárias do ego como parte inerente do processo de escuta, nutre o redespertar do que poderíamos denominar de empatia corporal *(1991, pp. 105, 111, destaque original).*

Essa empatia necessita ser acompanhada de vigilância quanto às reações somáticas do analista. Estas podem ser respostas bem sintonizadas ao material do paciente ou "*minicontratransferências*" de *enactment* (Wolf, 1979). Apenas uma autorreflexão sincera pode nos dizer qual é verdadeiramente o caso. Atenção ainda maior necessita ser direcionada às ações clínicas que acontecem "acidentalmente". Essas parapraxias podem revelar muito acerca das correntes mais profundas dos fenômenos transferenciais-contratransferenciais.

Vinheta clínica 26

Caroline Smith (também mencionada na vinheta clínica 22) foi encorajada a buscar tratamento pelo seu namorado. O assunto em questão era seu intenso ciúme, o que ele sentia – e ela, em parte, concordava – que estava começando a destruir seu relacionamento. Caroline me disse que eles estavam "bem" e se divertiam muito quando estavam sozinhos. Era na companhia de outros que ela ficava tensa. Ela se preocupava que ele estivesse olhando para alguma outra mulher e demonstrando muito interesse nesta. "Ele gosta mais daquela mulher?" "Ele está pensando em transar com ela?" "Ele me deixaria?" Dúvidas e questões inundavam sua mente. Ela estava em agonia.

A família de Caroline consistia em uma mãe submissa, masoquista e com características de mártir, e um pai mulherengo e prepotente. Um evento formativo importante na vida de Caroline foi a descoberta pela família (quando ela tinha onze anos de idade) de que seu pai estava tendo um caso. A mãe de Caroline ficou primeiramente arrasada, mas rapidamente "perdoou" seu marido. Caroline, em contraste, nunca recuperou o amor e respeito por ele. Os problemas pioraram devido a dois casos subsequentes e à revelação de outro no passado de seu pai, quando Caroline tinha seis anos de idade. Cada vez mais ressentida com o comportamento mulherengo de seu pai e, ainda mais, com a tolerância de sua mãe a respeito, Caroline "decidiu" nunca deixar que isso lhe acontecesse. Ela passou a ficar alerta – na verdade, descrente e desconfiada – quanto ao comportamento de qualquer homem que ela namorasse. Era como se sempre houvesse outra mulher esperando para arrebatá-lo.

Foi no setting *desse cenário desenvolvimental e de constante queixas sobre o comportamento do atual namorado de olhar para outras mulheres, que cometi um grande erro. Certo dia, devido a razões alheias ao meu controle, precisei cancelar nossa sessão. Eu telefonei para ela e dei-*

xei uma mensagem avisando-a disso, com um tom de lamento adequado. Contudo, assim que eu desliguei o telefone, percebi que eu a havia chamado pelo nome de outra paciente!

São inúmeros os dilemas técnicos impostos por tais *enactments* contratransferenciais. Eu deveria ligar imediatamente e me desculpar? Deveria esperar até que ela viesse para a próxima sessão? Considerando a segunda circunstância, eu deveria iniciar a sessão com o reconhecimento do meu engano, me desculpando e, então, perguntando sobre suas reações e associações? Ou deveria esperar que ela abordasse o assunto para então me desculpar e passar a explorar todo o ocorrido entre nós? Observe aqui que um pedido de desculpas figura em cada cenário concebível que me venha à mente. Isso merece um comentário.

Ao discutir o papel do pedido de desculpas em psicanálise, Goldberg (1987) delineou duas posturas possíveis. *Uma postura* afirma que o analista deve estar mais informado acerca da "realidade" e, portanto, visualizar a transferência, por mais plausível que seja seu conteúdo, como uma distorção dessa realidade. Nessa perspectiva, as diferenças de percepção entre paciente e analista nunca exigem um pedido de desculpas por parte do analista. A *segunda postura* origina-se da perspectiva analítica que sugere que o analista é capaz de, via imersão empática, obter uma capacidade de ver o mundo do paciente como ele o vê, recaindo sobre o analista o fardo maior de conquistar e manter esse acordo intersubjetivo. Segundo esta visão, a falha da intersubjetividade seria em grande parte de responsabilidade do analista e, portanto, exigiria um pedido de desculpas do analista. De forma hábil e convincente, Goldberg argumentou a insustentabilidade de uma ou outra posição extrema, concluindo que embora o desejo de desculpar-se possa ser de origem contratransferencial, este pode ser adequado em determinados momentos em certos tratamentos. Obviamente, a experiência do paciente frente ao pedido de desculpas do analista deve então ser explorada e manejada de forma um tanto quanto tradicional.

O mais importante, portanto, foi entender minha parapraxia, tanto em sua motivação quanto em sua gravidade interpessoal. Foi somente através de cuidadosos autoexame e autoanálise que a natureza e o significado de tal *enactment* puderam ficar claros. Conforme comecei a pensar nessas linhas, ocorreu-me que eu havia "atualizado"[2] o medo central da minha paciente. Eu havia a traído ao colocar outra mulher entre nós e havia me tornado o pai mulherengo e o namorado que olhava para outras mulheres. E o que eu fiz foi (ou pelo menos, poderia ser) bastante ofensivo. Decidi que pediria desculpas e posteriormente exploraria o material. Entretanto, quando a paciente chegou para a próxima sessão, ela não parecia, em grande parte, ofendida. Sem encontrar qualquer menção direta ou disfarçada do meu erro em seu material, perguntei se ela havia percebido que eu, por engano, havia lhe chamado por um nome que não o dela. Ela desvalorizou o fato, considerando-o como apenas um engano de um médico "ocupado". Essa exoneração era genuína? Ou ela estava se comportando como a mãe masoquista, que sempre perdoava? Obviamente, tudo isso precisava ser elaborado de forma gradual no período subsequente do nosso trabalho.

Em claro contraste com esse tipo de ações conscientemente não intencionais, estão as "ações interpretativas" (Jacobs, 2011; Ogden, 1994), que são executadas deliberadamente e com uma hipótese verbalmente formulada existente na mente do analista. Seu objetivo é o de comunicar uma interpretação ao paciente. Nas palavras de Ogden, constituem

*a comunicação que o analista faz ao analisando de sua
compreensão de um aspecto da transferência-contratransferência, por intermédio de uma atividade outra que não
a simbolização verbal. Por vezes, tal atividade é dissociada
de palavras (por exemplo, a expressão facial do analista
enquanto um paciente permanece à porta do consultório); por vezes, a atividade do analista (como meio para
interpretação) toma a forma de uma "ação verbal", por
exemplo, o estabelecimento de uma taxa, o anúncio do
final da sessão, ou a insistência de que o analisando dê
fim a uma determinada forma de* acting in *ou* acting out;
*por vezes, a ação interpretativa envolve a voz, mas não
as palavras (por exemplo, a risada do analista)... a ação
interpretativa não é um evento analítico excepcional; ela
é simplesmente parte da fabricação de trabalho analítico
interpretativo comum... Um aspecto importante da interpretação é a formulação consistente do analista para
si próprio, da interpretação que está em desenvolvimento,
em termos verbais (1994, pp. 108, 110, 123).*

Embora a ideia de "escutar a si próprio" não pareça aplicável a
essas "ações interpretativas" visto que o analista já (presumidamente) pensou sobre elas, o fato é que a formulação original do analista é geralmente incompleta. A resposta do paciente nos informa a
respeito da natureza das nossas "ações interpretativas" e a posterior
autorreflexão esclarece seus significados. Veja a seguinte vinheta.

Vinheta clínica 27

*Jasmine Brooks, uma estudante de doutorado de apro-
ximadamente trinta anos, estava em análise comigo*

por seis anos quando o incidente que irei relatar ocorreu. Antes de abordá-lo, porém, pode ser válido oferecer alguns detalhes históricos do nosso trabalho. Jasmine havia procurado ajuda devido a uma incapacidade paralisante de namorar e estabelecer relacionamentos amorosos. Ela sentia intensa ansiedade quanto a sua aparência. Embora de aparência "regular" (e, por vezes, bastante bonita), Jasmine se achava feia e considerava--se completamente indesejável como parceira romântica e sexual. O trabalho analítico procedia hesitantemente, com uma transferência paterna idealizada poderosa cedendo à emergência de um relacionamento sadomasoquista intensamente hostil com sua mãe, desde seus primeiros anos. Jasmine expressou um desejo de casar--se comigo (como o atraente pai edípico), mas temia – na verdade, geralmente estava convencida – que eu a desprezasse e a considerasse repulsiva (como ela sentia que sua mãe fazia). Aproximadamente seis anos de turbulento trabalho analítico (consistindo em holding, intervenções afirmativas, interpretações transferenciais e genéticas, reconstruções etc.) havia tido sucesso apenas parcial na resolução de suas dificuldades. Certo "ponto fraco" permanecia. Ela era vulnerável quanto a retornar a sentir-se feia e, honestamente, a explorar propósitos sadomasoquistas disso na transferência. Sua queixa acerca de sua aparência era geralmente tão intensa que era eu que me sentia violentamente abatido por isso. Sem dúvida, havia vezes em que ela renunciava a essa posição, via a si própria de maneira realista e passava a fazer avanços em sua vida psicossexual real. Entretanto, a culpa logo a dominava visto que, para ela, a sexualidade era dificilmente livre de conotações de triunfo edípico. Ela regrediria, como resultado. O ciclo continuava.

Certo dia, embora ela começara reclamando por ser feia e eu ter me sentido violentamente ferido por seus ataques (aparentemente contra si mesma), tentei injetar algum teste de realidade nesse discurso. Isso decorreu especialmente de termos analisado isso pela enésima vez e termos concordado quanto a sua natureza fantasiosa. Eu disse, "Vejamos, você está falando sobre 'a pequena Jasmine e sua mãe'? Ou está falando sobre 'a Srta. Jasmine Brooks e o Dr. Salman Akhtar'?" Ela respondeu em tom desafiador, "A segunda opção. É tudo real, você sabe". Frente a isto, eu estendi a minha mão por detrás do divã e disse, "Por esse insight, eu a parabenizo e gostaria de apertar a sua mão". Com uma alta dose de ironia, eu buscava criar uma distância entre seu ego regredido, quase psicótico, e seu self inteligente e em geral realístico. Jasmine, contudo, respondeu gritando comigo. Ela disse, "Como você pode se oferecer para me tocar? Você é um psicanalista. Você não pode fazer isso". Eu respondi dizendo, "Há um minuto, eu era um bom psicanalista e um mau homem. E você focava no último enquanto negligenciava o primeiro. Agora, eu sou um bom homem e um mau psicanalista e você está dando maior ênfase ao segundo. Por que você sempre encontra algo mau em mim e negligencia o bom?" Jasmine respondeu furiosa que não estava interessada nessa conversa. Eu a questionei, "Por quê?" E a sessão continuou.

Minha intenção (ao menos consciente) ao oferecer um aperto de mão foi de demonstrar que sua insistência de que eu nunca imaginaria tocar nela não estava apenas incorreta, mas estava também sendo usada, quase que deliberadamente, a serviço de uma transferência sadomasoquista. Eu considero o que fiz como uma "ação interpretativa" (Ogden, 1994). Contudo, após posterior reflexão (ao longo das semanas e meses seguintes), comecei a perceber que a agressão contida em minha contra-afirmação fora muito pouco "neutralizada"; também havia certa quantidade de hostilidade de minha parte, o que contaminou a ironia implícita da situação com um tom de deboche. A consciência dessa dimensão levou-me a questionar o fino limite entre "ação interpretativa" e "*enactment* contratransferencial". Onde um termina e o outro começa? Muito provavelmente a distinção entre eles não é categórica, mas qualitativa, pois os dois existem simultaneamente, embora em graus variáveis em uma determinada instância. Portanto: a realização interpretativa de um *enactment* contratransferencial bem como os aspectos de *enactment* presentes nas ações interpretativas não devem ser negligenciados. Um trabalho de acompanhamento com o paciente e com o próprio analista é essencial e informativo nas duas circunstâncias.

Observações finais

Neste capítulo, redirecionei minha atenção da escuta do material do paciente (ver Capítulos 1, 2 e 3) para o tipo de informação que o psicanalista pode obter a partir da "escuta" de seu próprio *self*. Revisei o conceito amplo e em desenvolvimento da contratransferência, classificação sob a qual as experiências que descrevo tendem a pertencer. Por propósitos de facilitação didática (embora, admitidamente, com precisão indevida) categorizo a autovigilância informativa do psicanalista em (i) escutar às suas próprias associações, (ii) escutar às suas próprias emoções, (iii) escutar a seus próprios impulsos, e (iv) escutar a suas próprias ações. Através de tudo isso e mais, tentei esclarecer como o fato de o analista prestar atenção à sua experiência subjetiva é uma rica fonte de informação acerca da natureza das comunicações de seu analisando, bem como do desdobramento silencioso dos eventos no eixo transferência-contratransferência. A consciência de como a experiência subjetiva do analista pode ser "inspecionada" a partir de várias perspectivas auxilia o analista no curso de períodos emocionalmente turbulentos, mas o que é mais importante é a experiência vivida por ele em sua análise pessoal (e a integridade moral e conceitual da sua contínua análise do *self*). O lembrete de Heimann é pertinente nesse contexto.

> *O objetivo da análise do próprio analista não é transformá-lo em um cérebro mecânico que pode produzir interpretações com base em procedimentos puramente intelectuais, mas capacitá-lo a suportar os sentimentos que são mobilizados nele, em oposição a descarregá-los (como faz o paciente), de forma a* subordiná-los à tarefa analítica na qual ele funciona como reflexo espelhado do paciente. *Se um analista tenta trabalhar sem consultar seus sentimentos, suas interpretações são pobres (1950, p. 81, destaque original).*

Ao utilizar uma síntese das perspectivas da psicologia do ego, das relações objetais e das atuais perspectivas relacional e intersubjetiva, tentei ampliar a ideia em direções úteis. A mesma estrutura conceitual ajudaria a aprofundar nosso conhecimento sobre como – e sob quais circunstâncias – nossa capacidade de escuta analítica fica seriamente comprometida. Esse constitui o tópico do próximo capítulo.

Notas

1. Compartilhar suas associações (ou partes destas) impõe complicações ainda maiores para o analista cuja língua materna é diferente da do paciente. Em outro trabalho (Akhtar, 2006), discuti essa situação em maiores detalhes.

2. O termo "atualização" é usado em psicanálise de três formas diferentes: (i) quando as fantasias de uma criança recebem credibilidade de um evento da realidade externa, (ii) quando um indivíduo transforma seus desejos e devaneios em um produto concreto e criativo, e (iii) quando um analista vive momentaneamente os atributos transferenciais designados a ele pelo paciente. O uso que faço da expressão aqui se insere nesse terceiro contexto.

5. Escuta pobre

"Notamos que nenhum psicanalista avança além do quanto
permitem seus próprios complexos e resistências internas"
Sigmund Freud (1910d, p. 145)

A capacidade de escuta do analista não é estabelecida de forma definitiva. Ela não é sacrossanta ou imune a conflitos e compro-metimentos. As forças que habitam o analista, bem como as que emergem no contexto de sua interação clínica, podem facilmente perturbá-la. Flutuações menores no grau e na qualidade de sin-tonização são frequentes e talvez inevitáveis; as condições rela-cionadas ao estado do analista (por exemplo, fadiga, sobrecarga de trabalho) e as colisões com a realidade externa (por exemplo, conversas barulhentas perto do consultório, o alarme de incêndio do prédio) são frequentemente os culpados. As perturbações re-sultantes na escuta afetam o trabalho analítico, mas os problemas originados a partir disso são geralmente transitórios e corrigíveis. Consequentemente, estes não formam o tema do meu discurso,

cujo foco se dá nos fatores que levam ao comprometimento persistente da capacidade de escuta do analista.

Deficiência auditiva

Qualquer consideração acerca dos fatores que impedem a
"escuta analítica", ou ademais, *qualquer* escuta deve começar
com uma afirmação que seja tão evidente que beira o cômico.
O primeiro requisito para a escuta é uma capacidade auditiva
intacta. Embora falhas na escuta devido a ruídos externos sejam justificáveis, as falhas causadas por "ruído interno" constituem resistência contratransferencial e necessitam de atenção
autoanalítica, supervisão e consulta com colegas. A possibilidade de uma deficiência auditiva real também deve ser considerada nesse contexto. Não raramente nos deparamos com analistas
que utilizam dispositivos de suporte auditivo, embora não se tenha confiança plena acerca da eficiência desses dispositivos na
situação clínica. Mais perturbador é o encontro com analistas
que não utilizam suportes auditivos, porém parecem sofrer de
perda auditiva leve a moderada. Isso é geralmente tolerado pelos seus colegas analistas com muito mais gentileza do que um
grupo de cirurgiões toleraria um colega com tremor nas mãos.
Evidentemente, é necessária maior atenção a esse assunto de
parte dos diversos comitês de ética e de "analistas deficientes"
das sociedades analíticas.

Surpreendentemente, não há menção a esse problema na literatura psicanalítica. Entretanto, quando se amplia a pesquisa para
além da Web PEP e inclui-se o PsycINFO (um compêndio de mais
de 2 milhões e meio de artigos, capítulos de livros, revisões e resu-
mos de dissertações na área da psicologia), o estudo de Wantuch
(2002) com clínicos que desenvolveram perda auditiva na idade

adulta aparece na tela do computador.[1] Com base em entrevistas psicodinâmicas com onze sujeitos, o estudo encontrou que a maioria destes estava em negação quanto a sua deficiência e o seu impacto negativo sobre seu trabalho clínico. O achado de Wantuch pode ser visualizado como a contraparte do que afirmei, ou seja, que os colegas desses clínicos tendem a não valorizar sua perda auditiva sob o disfarce de civilidade e boas maneiras. Os efeitos adversos sobre a escuta dos pacientes (por exemplo, não perceber seus resmungos, suspiros e choros em baixo tom) passam não reconhecidos e não relatados.[2]

Ao afirmar isso, não ignoro o fato de que "ouvir" e "escutar" não são sinônimos. O ouvir inicia no ouvido médio e é organizado no córtex auditivo. A escuta começa em algum lugar do córtex temporal. Ouvir é uma função corporal, enquanto escutar – em grande grau – é uma função mental.[3] "A escuta não se dá pelos ouvidos, mas pela mente. Nós ouvimos sons, mas escutamos significados" (Meissner, 2000, p. 319). Apesar de tudo isso ser verdade, também é verdadeiro o fato de que a escuta depende amplamente do ouvir. É possível ouvir sem escutar. Mas não se pode escutar sem ouvir (para "escuta" do silêncio, ver o Capítulo 2). Em palavras simples, uma capacidade auditiva intacta é indispensável para um analista.

Resistência caracterológica

Nosso entusiasmado reforço ao conceito de "identidade analítica" (Bacon, 2000; Lhulier, 2005; Rosen, 2000; Skolnikoff, 2000) possui o perigo de minimizar o fato de que os psicanalistas não são todos iguais em termos de caráter. Na verdade, talvez a variação de atributos de personalidade dentre analistas seja tão grande quanto na população geral. Freud estava muito consciente disso.

Ele declarou que "os analistas são pessoas que aprenderam a exercer determinada arte, mas que nem por isso perderam o direito de permanecerem homens semelhantes aos outros homens" (1937c, p. 247). Três quartos de um século mais tarde, em um comentário levemente irônico sobre o estilo de escrita de vários analistas proeminentes, eu deixei clara uma posição similar.

> *Hartmann e Jacobson, por exemplo, escrevem como cientistas básicos que não escrevem absurdos. Winnicott é conhecido por sua simplicidade ilusória. Guntrip parece um humanitário angustiado, Khan um guru enigmático (e, posteriormente, louco), Brenner um cirurgião meticuloso, Kohut um explorador alegre, Kernberg um professor inspirado, Limentani um internista tranquilizador e Volkan um historicista encantador, para nomear alguns (Akhtar, 1993, p. 519).*

As metáforas que utilizei deram voz à minha convicção de que esses psicanalistas não poderiam representar um monólito caracterológico; eles diferem-se um do outro de formas importantes. A descrição de Guntrip (1975) de suas análises com Fairbairn e Winnicott atesta a isso, demonstrando os estilos relacionais amplamente diferentes por parte desses dois analistas. Bem, isso pode ter (ou, deveríamos dizer que, de fato, tem?) implicações para a escuta analítica. Em outras palavras, certos temas no material do paciente podem ser selecionados por um analista com esse ou aquele atributo de personalidade e outro tema (ou conjunto de temas) por um analista que é caracterologicamente diferente. Poland (1996) observa que:

> *Se o analista tem uma necessidade de ouvir seletivamente, tal como se o analista tem a necessidade de sempre*

ver o paciente como uma vítima inocente, nunca o vê como agressivo ou odioso exceto em casos inocentes de legítima defesa, então, o estado afetivo percebido do paciente será sempre uma faceta seletiva, nunca tornando-se mais completamente verdadeira em relação ao estado psíquico total do paciente. Isso é, obviamente, igualmente verdadeiro na direção oposta, se o analista tem uma preferência por assuntos de agressão e poder e fica desconfortável com assuntos de proximidade, intimidade e amor (1996, pp. 148-149).

Além dessas diferenças *qualitativas* na escuta, causadas por variações da personalidade do analista, existe a possibilidade mais sombria de haver diferenças *quantitativas* na sua capacidade de escuta. Sem dúvida, todos os analistas tentam escutar cuidadosamente a seus pacientes, mas a questão acerca de se eles são bem-sucedidos em igual grau permanece obscura. Com a recusa inegável dos padrões de seleção de psicanalistas para formação (especialmente nos Estados Unidos), a preocupação resultante não mais é uma questão de especulação inútil. É um assunto sério, tendo em vista que uma capacidade robusta de escuta, afinada com princípios da teoria e da técnica, é a marca de um "bom" analista. Traços de personalidade que bloqueiam essa capacidade são, portanto, problemáticos para o trabalho clínico e, em longo prazo, para a dignidade e segurança da profissão em geral.

Devido a isso, parece adequado fazermos um breve desvio para os fundamentos caracterológicos da capacidade de escuta. Bem, em minha opinião, a escuta é fundamentalmente uma atividade materna. Ela exige que suas próprias preocupações sejam deixadas de lado e que se cultive um sentido de devoção ao outro; a frase de Winnicott (1966) de "mãe dedicada comum" rapidamente vem à mente nesse contexto. A escuta requer que se abra o coração e a mente à outra pessoa e se absorva o seu conteúdo mental; é difícil desconsiderar aqui, a metáfora de uma vagina materna receptiva que apreende o pênis do pai. A escuta requer não ter pressa para interromper a narrativa, para questionar, para chegar a conclusões e para dar ao material oferecido uma forma facilmente bem polida. Todas essas qualidades, a saber, devoção, receptividade, e continente sem pressa para "explicar", são caracteristicamente maternas, logo femininas (ver também Greenson, 1960 sobre esse assunto). A capacidade bem desenvolvida de escuta, portanto, requer conforto caracterológico com identificações femininas, independente do real gênero do indivíduo.

Uma faceta relacionada da escuta é a "ingestão" das palavras faladas de outra pessoa. Essa abertura também possui os ecos remotos de um bebê levado alegremente ao seio materno. Uma boa capacidade de escuta, portanto, também emana do conforto com as representações de *self* do bebê oralmente receptivas. Outro elemento na escuta é certa quantidade de desaceleração, um tipo de atividade mental sem pressa ou, tomando emprestada a frase de Mahler, Pine e Bergman (1975), certo "*low keyedness*". A ausência de ruído interno e tolerância de ruídos existentes em si próprio aumentam, assim, a capacidade de escuta. Em essência, uma boa capacidade de escuta origina-se de uma organização de personalidade que assimilou tranquilamente identificações primárias com uma mãe devotada, aceitou em nível arcaico, porém profundo, a imago de uma vagina materna receptiva, não tem medo da sua própria representação de *self* de bebê no seio e não depende habitualmente de "defesa maníaca" (Klein, 1935; Winnicott, 1935). Identificações maternas muito conflitivas (ou deficientes), representações de *self* muito ansiogênicas para o bebê, negação da sexualidade materna muito intensa e o uso demasiado de defesas maníacas, levam a um estilo caracterológico que não é adequado para o ato de escutar.

Rigidez conceitual

Outra variável que pode causar impacto sobre a escuta é fidelidade restrita a um ou outro modelo psicanalítico. Veja os seguintes exemplos. Um "psicólogo do ego" vê apenas o tipo de comprometimento relacionado a pulsão-defesa no material do paciente. Um analista "Kernbergiano" vê a idealização como uma defesa contra a regressão e um "Kohutiano" a vê como uma retomada de uma necessidade de desenvolvimento frustrada. Um "Mahleriano" considera os níveis flutuantes de intimidade do paciente como representantes de ansiedades de fusão-abandono, enquanto um analista "relacionista" vê, nessa mesma oscilação, um cenário habilmente encenado de mútua provocação e sedução. Um "kleiniano" vê o ódio do paciente quanto ao silêncio do analista como um ataque invejoso a um seio retentor, enquanto um "winnicottiano" vê esse mesmo ultraje como uma manifestação de esperança (de que o analista possa "sobreviver" ao ataque do paciente) e, portanto, de amor!

Admitidamente, isto são caricaturas. Contudo, o ponto ao qual quero chegar é sério: uma fidelidade rígida a um ou outro tipo de pensamento analítico pode estreitar a forma como o analista escuta o paciente (ver também Hedges, 1983). Pior, pode levar a uma situação onde o analista absolutamente não escuta, porque a sua teoria oferece a ele uma compreensão pré-formulada e estereotipada. Peguemos a seguinte ilustração clínica e vejamos como analistas "comprometidos" com diferentes modelos teóricos poderiam escutar as comunicações do paciente.

Vinheta clínica 28

Dina Maldonado é uma jovem peruana que ingressou na psicanálise devido a vagos sentimentos de ansiedade e depressão, somados a uma sensação de que ela não está percebendo seu potencial acadêmico. Ela sonha em se tornar uma psicóloga clínica, mas encontra-se com desempenho abaixo da média de admissão em um bom programa de treinamento. Suspeito que, debaixo de tudo, ela se sinta culpada, mas as fontes dessa culpa não são claras para mim. Nosso trabalho é muito incipiente para que eu tenha clareza em relação a isso.

Certo dia, inicio a sessão informando-a que algo inesperado havia acontecido e por este motivo eu não poderia encontrá-la para as duas primeiras sessões da semana seguinte. Acrescento que lamento a pouca antecedência, mas que a situação é inevitável. Dina responde dizendo, "Eu entendo. Essas coisas acontecem o tempo todo". Aguardo para ver se ela irá especular sobre o que podem ser "essas coisas". Ela não o faz. Permanece quieta por um período e então diz, "Eu não sei por quê, mas estou pensando na minha avó. Você sabe, a mãe da minha mãe. Ela era uma mulher maravilhosa e eu a amava muito". Ela pausa e então continua: "Ano passado, ela faleceu. Não que tenha sido uma morte horrorosa ou algo parecido. Ela tinha mais de oitenta anos, sabe. Mas eu sinto muita falta dela".

Dina continua falando e, gradativamente, sua mente se direciona para os complexos detalhes dos ritos fúnebres peruanos. Me encontro absorto e extasiado, sentindo-me enriquecido por aprender todos os detalhes culturais. Retornando a uma postura auto-observadora alguns momentos depois, começo a pensar sobre o que realmente está acontecendo entre nós.

Permitam-me, nesse momento, deixar de lado a hipótese que formulei e o modo como foi minha intervenção. Ao invés disso, deixem-me colocar esse recorte do trabalho clínico frente a três analistas imaginários e ver como eles poderiam escutá-lo e o que poderiam dizer a respeito.

- Um psicólogo do ego freudiano: "O que ouço é que a paciente respondeu ao anúncio de cancelamento do analista com conformidade, a qual afastou os afetos mobilizados pela notícia. Talvez ela não tenha se sentido segura o bastante para expressar seus sentimentos com (e em relação a) o analista; ele estava abandonando-a de qualquer forma. Suas associações subsequentes, entretanto, demonstram que o afeto de fato tornou-se consciente ao se vincular à memória da avó falecida e a tristeza da paciente acerca disso. A conversa sobre ritos funerais foi então intencionada a afastar um sentimento de tristeza e trazer o analista (obviamente ele próprio um imigrante) para mais próximo dela."

- Um kleiniano: "A paciente responde ao anúncio de cancelamento do analista pensando em alguém que morreu. Por quê? Quero dizer, ela poderia ter pensado em alguém que deixou a cidade por um emprego melhor ou por um relacionamento amoroso. Não, ela pensa em alguém que morreu. Isso revela seu impulso homicida em relação ao analista. Sua saudade subsequente da 'avó' (o analista) é um testemunho do vazio interno que resultou após seu ataque ao objeto interno bom. Isso é seguido por um medo (projeção, obviamente) de que o analista decifre sua intenção homicida e retalie. O aspecto cultural é uma defesa maníaca contra as ansiedades paranoides resultantes."

- Um winnicottiano: "O paciente lida com o choque (isto é, a notícia dada pelo analista de que cancelaria duas sessões na semana seguinte) através da acomodação do analista. A gentileza é, entretanto, falsa e leva a uma ruptura da continuidade de ser. Sentindo-se fragmentada, a paciente recorre a memórias (de sua avó) que podem 'contê-la' a partir de dentro; o fato de que ela não evoca sua mãe, mas pensa na sua avó, gera um questionamento acerca da potencial quebra no relacionamento mãe-criança e como isso pode ter sido evocado pelo cancelamento por parte do analista. Em qualquer caso, visto que a paciente está magoada pela ruptura da continuidade (dela e de seu analista), desenvolve-se uma qualidade desesperada dela de buscar refúgio no passado idealizado. A vigorosa virada para a cultura pode, então, ser vista como uma forma de masturbação."

Sem dúvida, cada qual desses analistas pode estar "correto". Contudo, cada qual pode estar falhando em perceber o que os outros dois são capazes de decifrar. Tendo em vista que questões psicológicas são invariavelmente sujeitas ao "princípio de determinação múltipla" (Waelder, 1936), a unilateralidade inerente às suas perspectivas possui o potencial de deixar passar despercebido algo significativo do material do paciente. Permitam-me falar diretamente: qualquer analista que realmente escute seu paciente não pode ser rigidamente comprometido com nenhum modelo teórico. Respeito genuíno por todos os modelos sem comprometimento exclusivo a nenhum deles é a única garantia de que o analista pode realmente escutar o que o paciente está tentando comunicar. O persuasivo lembrete de Pine (1998) de que a psicanálise tem "quatro psicologias" (pulsão, ego, relações objetais e *self*) e que cada qual exige direitos de escuta e de fala no âmbito clínico deve ser mantido em mente. Em outras palavras, o analista precisa ser flexível e ter a mente aberta frente à teoria, mas não pode ser completamente desprovido de uma teoria. Ele pode mover-se entre teorias para acomodar suas descobertas a cada momento de seu trabalho clínico. O conceito de Aulagnier (1979) de "teorização flutuante" captura melhor o que estou tentando dizer.

Baranger também observa que embora o rígido comprometimento com uma teoria em particular possa levar a surdez frente às comunicações do paciente, não possuir alguma teoria é dificilmente aconselhável (ou possível).

> *O analista deve traçar um curso entre dois perigos contrastantes: a aplicação forçada de uma teoria pré-existente, o que levará, em última análise, a interpretações espúrias e todo o complexo de teorias caóticas. O esquema de referência do analista é o que guia tanto a procura pelo ponto de urgência como a formulação da interpretação. Esse esquema de referência é a personalidade quintessência, condensada e resolvida de cada analista, de suas filiações teóricas, seu conhecimento da literatura analítica, sua experiência clínica – especialmente seus fracassos – o que ele foi capaz de conhecer sobre si mesmo em sua análise, e identificações com seu analista e supervisores – bem como as modas teóricas que periodicamente aparecem no movimento psicanalítico. O grau de coerência e elaboração dessas diferentes influências varia consideravelmente de analista para analista (2009, p. 96).*

Sem dúvida, o esquema de referência do analista não deve ser fossilizado; este deve ser guiado pelo conhecimento da história do paciente bem como pela memória de como o processo analítico se desenvolveu até o momento em questão.

Bloqueios contratransferenciais

Igualmente válida nesse contexto é a severa advertência de Freud de que "nenhum psicanalista avança além do quanto permitem seus próprios complexos e resistências internas" (1910, p. 145), que destaca o quanto os problemas pessoais do outro lado do divã podem impedir a escuta e a intervenção adequadas. Racker (1968) distinguiu dois tipos de bloqueios contratransferenciais à receptividade do analista. As respostas de "contratransferência concordante" são aquelas nas quais o analista se identifica com o estado afetivo central do próprio paciente. As "contratransferências complementares" resultam da identificação do analista com um objeto significativo que é projetado nele pelo paciente. Na primeira, o analista se identifica com a representação de *self* do paciente e, na segunda, ele se identifica com a representação objetal do paciente. Embora identificações parciais e transitórias desse tipo possam auxiliar a desenvolver empatia pela experiência interna do paciente, identificações totais e não questionadas nesse sentido dificultam a escuta tranquila para o paciente. Considere, por exemplo, o seguinte exemplo clínico.[4]

Vinheta clínica 29

Pamela Kasinetz, uma senhora idosa extremamente saudável, buscou terapia para depressão e ansiedade com início recente. O gatilho aparente para esses sintomas foi a complicação do relacionamento com seu marido de mais de três décadas. Com a saída dos filhos de casa, os dois haviam ficado bastante alienados; ele estava absorto no trabalho e ela com os comprometimentos sociais e trabalho filantrópico. A situação se agravou quando Pamela conheceu um "adorável" menino cambojano de sete para oito anos em um shopping center e "se apaixonou por ele". Ela assumiu para si a responsabilidade de ajudar a ele e a sua família com dificuldades financeiras. O menino gradativamente tornou-se sua companhia constante. Pagando altas somas de dinheiro aos seus pais, Pamela praticamente assumiu a vida dele. Ela o pegava na escola, trazia-o para casa, enchia-o de presentes caros e atendia a todos seus caprichos e desejos; seus amigos também eram bem-vindos em sua casa e eram tratados com indulgência similar. Embora inúmeros exemplos possam ser dados, uma situação deveria ser suficiente, situação na qual ela gastou mais de trinta mil dólares em um final de semana entretendo seu pequeno "amigo" e seus quatro coleguinhas. Tudo isso levou a frequentes discussões entre Pamela e seu marido, que insistia em colocar limites aos gastos dela.

Em busca de alívio sintomático, Pamela parecia não estar preparada para olhar os significados profundos da sua fascinação para com esse menininho. Tendo sido criada em uma família rica, ela rapidamente dispensou qualquer questionamento acerca de um sentimento infantil de privação e, assim, bloqueou os esforços do terapeuta de relacionar seu altruísmo descontrolado com potenciais questões inconscientes pertencentes a um trauma precoce. Era tudo "real" e racionalizado em termos de bondade e generosidade em relação aos não--privilegiados, até onde ela percebia. Pouco depois de iniciar o tratamento, ela expressou um desejo de pagar honorários muito mais altos pelas suas sessões, mencionando o que parecia ser uma quantia verdadeiramente exorbitante. A situação foi complicada por problemas paralelos na contratransferência do terapeuta com ela e pela característica financeira da situação. Tendo sofrido uma perda parental quando tinha aproximadamente a mesma idade do menino cambojano a quem Pamela tanto adorava, e estando falido devido a uma crise pessoal recente, o terapeuta ficou terrivelmente desconfortável pelas seduções financeiras de Pamela. Reagindo defensivamente, ele não somente fez interpretações prematuras da transferência como também rejeitou severamente suas ofertas. Ele falhou em explicar e explorá-las de maneira tranquila. Pamela não demorou a abandonar o tratamento.

Esse desfecho adverso parece ter sido resultado de inúmeros fatores: (i) a complicada situação financeira atual do terapeuta dificultou-lhe a escuta tranquila da extravagância da sua paciente: esta mobilizou muita cobiça; (ii) seu trauma infantil tornou-lhe difícil ouvir sobre a indulgência da sua paciente com um menininho: mobilizou muita inveja; e (iii) o fato de não ter buscado supervisão em uma situação clínica que lhe era obviamente difícil, levou à um recuo defensivo e à interpretação demasiada. Voar solo sob tais circunstâncias foi uma escolha clínica inapropriada. Ainda assim, a vinheta clínica possui valor didático. Revela algumas variáveis importantes quanto a antecipar, impedir ou utilizar de forma benéfica esses sentimentos contratransferenciais emergentes, incluindo (i) os "objetos bons" internos do terapeuta (Klein, 1935, 1940), presença dos quais irá diminuir sua vulnerabilidade à cobiça e inveja; (ii) uma aptidão e habilidade do terapeuta para aprender a partir de suas experiências subjetivas no curso do tratamento, e (iii) uma vontade do terapeuta de buscar supervisão externa em situações clínicas difíceis. A razão pela qual mencionei essas observações bem estabelecidas é a de equilibrar o entusiasmo atual acerca do potencial informativo da contratransferência, visto que este parece ter obscurecido o fato de que a contratransferência também pode impedir a escuta.

Tal comprometimento da atenção analítica é, por vezes, discernível apenas em retrospecto. Esse é especialmente o caso quando a cadeia de associações do paciente é considerada verdadeiramente atraente pelo analista. Segue um exemplo desse tipo de discurso de um paciente.

Vinheta clínica 30

"Sabe, Dr., essa coisa de sexo está além de mim. Simplesmente não faz nenhum sentido. Pense a respeito. O que um homem está tentando fazer quando está fazendo sexo com uma mulher? Quero dizer, se ele estiver tentando entrar nela, o sexo não é realmente a maneira. Porque no sexo, o homem entra alguns centímetros e então se puxa deliberadamente para fora para empurrar novamente, mas sabe de uma coisa? Ele não consegue ir mais fundo do que antes. Ele só continua e continua, mas nunca entra completamente nela. E então ele ejacula e sai todo murcho. Ele quase nem é homem agora. Completamente incapaz de entrar nela!

"Você sabe qual é a melhor maneira de entrar em uma mulher. Engravide-a. Agora você entrou completamente. Ela caminha, fala, vai para o trabalho, lê o jornal – independente de qualquer coisa, você está dentro dela. Quero dizer, ela come, dorme, toma banho, até faz amor com

outro homem – tanto faz – mas você está confortável lá dentro. E então depois de meses, quando você sai, não é momento de humilhação murcha. É um momento de grande alegria e celebração. Todo mundo está feliz. A mulher está radiante. As pessoas beijam você e lhe enchem de presentes.

"Vou falar de forma direta, Dr, você segura minha mão e vamos dar uma caminhada. Você – sim, você, porque você é um cara inteligente, você escolhe uma mulher bonita e eu lhe asseguro que eu preferiria ser filho dela em vez de marido."

Escutando a essa cadeia de associações, percebi que eu estava tão maravilhosamente absorto e tão encantado com a eloquência do meu paciente que, por alguns momentos, prestei pouca atenção aos temas multifacetados contidos nela. Hipnotizado com a qualidade literária de seu discurso, não percebi o *enactment* libidinoso que estava ocorrendo naquele exato momento entre nós. Ao colocar-me a cargo de escolher a "mulher mais bonita" (isto é, sua mãe) e ao escolher ser seu filho, meu paciente estava rendendo-se à competitividade edípica. Entretanto, ao ficar dentro dela por mais tempo que o homem (eu/pai) que faz sexo com ela, ele estava debochando de mim e me derrotando. E, ao oferecer-me uma recitação similar a uma canção de ninar, ele havia levado a nós os dois para fora do âmbito sexual. Ainda assim, havia correntes edípicas inconfundivelmente negativas no "amor" que estava se desenvolvendo entre nós enquanto o conto se desdobrava. Tudo isso é verdade, mas o ponto principal é que a qualidade graciosa e sonora de seu discurso levou a uma mudança descendente na acuidade da minha atenção psicanalítica.[5] Em outras palavras, uma reação contratransferencial prejudicou temporariamente minha capacidade de escuta.

Diferenças culturais

A escuta também pode ser afetada por diferenças culturais dentro da díade clínica. Questões de nacionalidade, classe social, raça, etnia, preferências estéticas, e política, podem exercer um impacto considerável sobre a empatia e a sintonização do analista (Abbasi, 2008; Akhtar, 1999, 2011; Gorkin, 1996; Roland, 1996). Preconceitos sutis, ou não tão sutis, por parte do analista podem ser mobilizados quando diferenças nessas dimensões existirem e impedirem uma postura de neutralidade frente ao material do paciente. Longe de serem questões de linguagem expressiva e aspectos inobjetáveis de estilo de vida, o sistema de valor da díade afeta o intercâmbio clínico de maneiras significativas, se sutis.

> [o sistema de valores do paciente] e ideais podem assumir formas compatíveis ou incompatíveis com os ideais do analista: propensões à austeridade ou luxúria, à aceitação ou não aceitação de padrões comumente estabelecidos de escolha de trabalho, ou mesmo de vestuário, o que pode ser tratado por um psicanalista como sintomas e por outro com tolerância (Klauber, 1968, p. 131).

Valores do tipo que podem afetar a escuta são produto do status socioeconômico, ditames parentais e estilos de vida, a era e a nação nas quais alguém foi criado e está trabalhando, instituições educacionais às quais frequentou e modificação superegóica via identificações extrafamiliares durante o final da adolescência e início da vida adulta. Veja a seguinte situação.

Vinheta clínica 31

Pradip Bhandari, um médico recém-graduado da Índia e agora residente em Psiquiatria, inicia sua sessão de análise dizendo que ele não poderia vir a uma de suas sessões na semana seguinte. Há outra coisa que ele precisa fazer. Enquanto o analista permanece em silêncio, Pradip explica que o irmão de sua esposa ficará noivo e o tio e a tia de sua esposa estão vindo de Mumbai para a cerimônia; ele tem de buscá-los no Aeroporto JFK em Nova Iorque. A viagem levaria quase todo o dia e esse era o motivo pelo qual ele não estava pedindo um horário alternativo para a sessão daquele dia. O analista norte-americano de Pradip se percebe refletindo sobre essa organização e pergunta como que ele foi o escolhido para essa tarefa? Ele se voluntariou para ela? Acontece que a esposa médica de Pradip não poderia ir porque estaria "de plantão" naquele dia e os parentes vindos da Índia nunca haviam saído do país e, certamente, iriam precisar de ajuda. Alguém tinha que buscá-los e não havia ninguém além de Pradip para realizar a tarefa.

Se o analista vir o fato de tal paciente perder uma sessão apenas (ou até principalmente) como resistência, algo importante do caráter do paciente seria perdido. O analista teria falhado em "escutar" o ideal de ego cultural e algumas formas de ser amplamente aceitas que são indispensáveis ao mundo interno de seu paciente. Colocando essa situação no cenário da assiduidade quase perfeita do seu paciente e o fato de estar avisando que perderá a sessão com boa antecedência faz com que se compreenda a "fisiologia" essencial desse material. Aceitá-la pacificamente fortaleceria a aliança terapêutica, enquanto que considerá-la como resistência resultaria em "patologia" iatrogênica. Uma falta de sintonização com as nuances culturais pode, portanto, comprometer a escuta analítica.

A religião também desempenha um papel aqui. Se, por exemplo, o analista é indiferente ou hostil quanto à religião, é provável que ele seja extremamente cético com relação aos desejos espirituais de seu analisando (por exemplo, Griefinger, 1997). Ele pode desviar de tais aspectos, desvalorizá-los sutilmente, ou rapidamente reduzi-los a suas supostas origens instintuais. Por outro lado, se o analista é religioso, é provável que seu comportamento em relação a essas associações seja mais tolerante e permissivo (por exemplo, Rizzuto, 2001).

Uma ilustração dramática de tais comportamentos vem do 31º Simpósio Anual Margareth Mahler, ocorrido em 6 de maio de 2000, na Filadélfia, Pensilvânia. Os procedimentos publicados do evento (Akhtar & Parens, 2001) revelam a marcada divergência entre o renomado analista Jesuíta William Meissner e um analista manifestadamente ateu, James Anderson Thomson, Jr.

Meissner (2001) apresentou o caso de Martha, uma mulher alta em torno de seus sessenta anos, que "usava vestidos estampados na altura dos tornozelos, colares de renda, chapéus de palha com uma flor – parecendo alguém saído de um romance de Dickens" (p. 112). Única filha de seus pais, Martha havia crescido com quatro irmãos. Ela tivera uma boa relação com eles, como também tinha com a maioria de seus colegas homens do trabalho atual. Ela nunca tinha namorado e era virgem. Seu problema girava em torno de pensamentos e imagens obscenos que lhe vinham à mente enquanto assistia a missa ou durante suas orações. Ela sentia uma enorme culpa por ter esses pensamentos. Meissner concluiu o seguinte:

O caráter erótico desses pensamentos e imagens intrusivos, eu presumi, era inteiramente consistente com sua estrutura de caráter bastante obsessiva. Minha impressão inicial fora de que sua religiosidade extrema e suas defesas obsessivas estavam servindo como uma barreira contra conflitos sexuais não resolvidos e que estes provavelmente haviam sido uma fonte de conflito e sofrimento durante a maior parte da sua vida (p. 113).

Conforme o tratamento se desenvolveu, Martha revelou que há algum tempo, ela também havia buscado aconselhamento pastoral para ansiedades similares e que seu trabalho com aquele pastor havia o levado a acariciá-la, estando ela frequentemente nua. Entretanto, qualquer tentativa da parte de Meissner de trazer à sua atenção o fato de que fora "abusada" levava Martha a "ficar rapidamente aborrecida e agitada, com a voz trêmula e a fala prejudicada" (p. 115). Meissner concluiu que essa abordagem não iria funcionar. Ele sentia-se preso, buscava em sua mente "quaisquer fragmentos de conhecimento psicanalítico que pudessem ajudar. Mas eu continuava me deparando com becos sem saída" (p. 115). Ele concluiu que o único terreno em comum no qual ele e sua paciente poderiam entender um ao outro era a tradição Católica. Meissner conta seu próximo passo:

Certo dia quando ela estava contando sobre um de seus episódios agonizantes de pensamentos sexuais intrusivos, eu perguntei, "Martha, você sabe o que é uma tentação?" Ela parou e me olhou por um minuto, como se eu tivesse parado subitamente de falar Suaíli e passado a falar em uma língua que ela entendia. Eu passei a explicar que quando o diabo queria tentar almas boas que estavam

*vivendo uma vida boa, sua tática era a de causar so-
frimento ou perturbação a essa pessoa e que, para isso,
ele utilizava qualquer recurso no qual ele pudesse pôr as
mãos, para interferir com seus trabalhos bons ou com a
tranquilidade de suas almas. Poderia ser que ela fosse
um caso desses, eu me perguntei? Se o velho Satanás
pudesse atirar uma pedra em uma janela da sua paz
de espírito, ele teria marcado uma vitória. A reação
dela foi interessante. Quando eu mencionei o diabo,
seus olhos se iluminaram. Nós havíamos identificado
o inimigo, a causa de todo o problema... Meu comentário havia dado ao problema uma habitação local e um
nome. O que havia sido perturbador, confuso e incom-
preensível para ela antes fora, agora, realocado em um
contexto que lhe era familiar, compreensível e, portanto,
manejável (Ibid., pp. 116-117).*

James Anderson Thomson Jr, o debatedor do trabalho de
Meissner, respondeu com indignação a isso. Ele questionou as falhas no relato de Meisser da história da paciente, mas sua crítica
mais feroz foi reservada à mudança na escuta de Meissner (portanto, na intervenção) que ocorreu em resposta a culpa de Martha
acerca de pensamentos sobre os orgasmos sexuais de Jesus na cruz.
A represália de Thomson à descrição de Meissner do alívio sentido
pela sua paciente ao ouvir que Satanás era responsável por esses
pensamentos resume bem esse aspecto.

*Meissner acredita claramente que "Ela acreditava no
diabo e sabia exatamente do que eu estava falando. Meu
comentário havia dado ao problema uma habitação local e um nome. O que havia sido perturbador, confuso*

> *e incompreensível para ela antes fora, agora, realocado em um contexto que lhe era familiar, compreensível e, portanto, manejável". Se uma paciente está delirante e acredita que ela é a Rainha da Inglaterra, certamente ficaria aliviada e com os olhos iluminados se nos referíssemos a ela como Sua Alteza Real. Essa atitude é correta? (2001, p. 145)*

Esse é o material de drama de tribunais. Entretanto, mesmo sob circunstâncias menos dramáticas, questões envolvendo aborto, homossexualidade, morte iminente e vida após a morte, tendem especialmente a evocar reações contratransferenciais que são, ao menos em parte, governadas pelas crenças religiosas do analista. A religião específica à qual o analista pertence também pode desempenhar um papel importante, mesmo que sutil, em sua escuta das visões sociopolíticas do paciente.[6] Considere as seguintes situações.

- Um cirurgião hindu relata que se curva diante da divindade com cabeça de elefante, *Ganesha*, que fica na mesa de seu escritório, antes de caminhar em direção à sala de cirurgia. Ele afirma que, se ele esquece de fazê-lo, a cirurgia é arruinada.

- Um advogado judeu declara que muçulmanos são basicamente primitivos e elogia Israel pelo assassinato dos líderes do Hamas. Ele acredita firmemente que a terra de Israel foi dada aos judeus por Deus.

- Uma universitária luterana enfrenta dificuldades em encontrar namorados e maridos em potencial devido a sua recusa, de base religiosa, em fazer sexo antes do casamento. Ela deseja ter um longo período de namoro antes de noivar e casar-se, mas que este não envolva ter relações sexuais.

- Um analisando muçulmano expressa sua indignação à recente charge do jornal ridicularizando o profeta Mohammed; ele diz que o assassinato de Theo van Gogh, o documentarista holandês, foi uma retribuição legítima ao seu deboche dos costumes muçulmanos.

Agora, pergunte a si mesmo se analistas judeus, cristãos, hindus e muçulmanos, religiosos e não religiosos, escutariam essas associações exatamente da mesma forma? Por mais que gostássemos de acreditar que sim, a dúvida de que esse poderia não ser o caso perturba nossa consciência teórica. Nós gostaríamos de acreditar que os fundamentos religiosos desses analistas não impossibilitariam seu recebimento desse material com equanimidade e que todos eles atenderiam aos aspectos superficiais, profundos e simbólicos dessas comunicações, especialmente no que se refere a desenvolvimentos transferência-contratransferência. Contudo, essa visão pode ser idealista. Ela desconsidera o fato de que as experiências contratransferenciais em tais situações se tornam bastante vulneráveis às armadilhas de "escotoma étnico compartilhado" (Shapiro & Pinsker, 1973), "falhas de aculturação" (Prathikanti, 1997), "culturalização excessiva do ego analítico" (Akhtar, 1999) e "conluios nostálgicos" (Akhtar, 2006).

Para não dar a impressão de que tais lapsos da atenção analítica ocorrem somente no trabalho clínico transcultural, me apresso a acrescentar que díades de mesma etnia apresentam suas próprias armadilhas (Akhtar, 2011a). Todo tipo de "pontos surdos" de base transferencial pode se desenvolver:

> [...] especialmente quando o terapeuta se identifica intimamente com as experiências do paciente. O terapeuta pode ser mais tolerante e menos confrontador acerca de algumas situações de acting out. Quando essa identificação

é forte, o terapeuta sente-se frequentemente tentado a se esforçar mais pelo paciente... é uma tentação de chegar a esses pacientes, no sentido de ser um tanto mais didático e útil a respeito do próprio processo (Tang & Gardner, 1999, p. 16).

Muito antes dos comentários de Tang e Gardner e, falando mais especificamente de psicanálise, Boyer fez a seguinte observação.

Muitos analistas falar que seu trabalho com pacientes originados de históricos socioculturais similares a seus próprios é mais efetivo do que o trabalho com pacientes de históricos diferentes. Eu sou da opinião de que análises mais completas podem resultar do tratamento com pessoas do segundo grupo, devido a presença de saberes mutualmente aceitos, os significados defensivos e simbólicos dos quais podem deixar de ser investigados (1979, p. 364).

Sem dúvida, isso não precisa acontecer, mas o fato é que isso *pode* acontecer. E esse é o ponto – isto é, que o histórico cultural e religioso do analista (e as posturas sociopolíticas consequentes sobre estes) *podem* entrar em jogo sob certas circunstâncias e alterar os caminhos da empatia e da interpretação.

Problemas de linguagem

Estes aspectos ficam mais claramente evidentes no tratamento de pacientes bilíngues (Amati-Mehler, Argentieri & Canestri, 1993). Denotações, conotações, aforismos, coloquialismos, provérbios, xingamentos e expressões de carinho, bem como as meras qualidades prosódicas do idioma, todos fazem parte de como alguém fala e como as palavras faladas de alguém são recebidas e processadas pelo ouvinte. Embora o impacto do bilinguismo do paciente tenha recebido atenção, o bilinguismo do analista e seu impacto sobre suas atividades de escuta e de intervenção passaram a ser considerados apenas recentemente (Akhtar, 2006).

Iniciemos pelas dificuldades do paciente com o idioma. Um paciente bilíngue frequentemente encontra dificuldade em comunicar sua experiência subjetiva ao analista. Seu vocabulário no idioma comum entre ambos é menos extenso do que em sua língua materna. Suas pausas, a procura por palavras e a fraseologia inadequada podem conduzir o analista a discernir significados onde não existem ou, mais frequentemente, significados que não vão ao encontro da intenção do paciente.

Vinheta clínica 32

O professor Miguel Castro estava no segundo ano de uma análise com frequência de quatro sessões semanais. Ele vinha lutando por muitas semanas com sentimentos furiosos acerca de uma visita iminente de sua mãe, que vivia a maior parte do ano na Colômbia. Seus pais se divorciaram quando ele tinha dois anos de idade e ele fora deixado sob os cuidados de uma tia idosa e doente. Ela era devotada a ele, mas desde quando consegue lembrar, ele vivia com medo que ela morresse e ele ficasse sozinho em uma casa grande, sem ninguém para cuidar dele. Durante sua vida adulta, a mãe do professor Castro havia suavizado sua culpa por abandoná-lo quando criança, enchendo-o de presentes e dinheiro, muito contra a vontade de seu atual marido. Sua mãe havia lhe alertado de que tinha recebido um orçamento restrito para essa viagem em particular e não poderia arriscar seu precário casamento sendo indulgente com ele como de costume. Quando ele era criança, as raras visitas de sua mãe foram associadas com os presentes extravagantes que ela trazia para ele. Mesmo enquanto adulto, ele os esperava como compensação pela incapacidade dela de lhe dar amor. Durante momentos de emoção intensa, o professor Castro escapava para o espanhol para expressar sua raiva e desejos doentios em relação a sua mãe. Ele temia que eu ficasse chocado pela magnitude de seu ódio e pelas fantasias sádicas de torturar sua mãe até que ela pedisse perdão por ter lhe abandonado quando criança. O uso da sua língua materna também proporcionava a ele uma forma de expor minha ignorância "burguesa", como ele falava. Ele era fluente em quatro idiomas; eu sabia apenas um.

Ao longo da semana anterior à chegada de sua mãe, o professor Castro vinha resmungando em espanhol, por vezes assoviando entre os dentes que ele não estava nem um pouco com vontade de ter "aquela mulher" em sua casa. Ela havia lhe telefonado para contar que fora diagnosticada com um problema cardíaco leve e estava preocupada que o voo longo pudesse agravá-lo. Ele temia que ela ficasse doente e ele tivesse que cuidar dela. Ele imaginava se agora que ela estava "a las puertas de la muerte" (às portas da morte), ela finalmente perceberia o quanto foi uma mãe má. Em direção ao final da terceira sessão da semana, ele parecia estar se acalmando um pouco. Eu pensei ter captado as palavras "santa" (saint) e então "buena" (boa) em uma elocução sobre sua mãe. Comentei sobre essa mudança de atitude com relação a ela e imaginei o que havia causado isso. Ele ficou em silêncio por vários minutos e então me acusou de estar sendo sarcástico: acontece que, na verdade, ele havia dito a palavra "sana", significando raiva e, então "bueno" em relação a si mesmo. Ele estava se sentindo bem quanto à raiva que sentia por sua mãe.

Na sessão seguinte, o professor Castro atacou de forma vitriólica o sistema educacional americano, sua estreiteza mental "burguesa". Ele era fluente em quatro idiomas. Seus colegas da universidade sabiam apenas Inglês, mas eram tão burros que nem sempre compreendiam seu sotaque. Eu comentei que eu, também, sabia somente inglês e que minhas tentativas bobas de compreender espanhol no dia anterior o haviam deixado muito bravo. Ele se virou e disse com satisfação, "Você devia ficar com o que sabe". Ao longo de algumas semanas seguintes eu passei a entender quão importante era para ele ter poder sobre o que eu poderia saber sobre ele. Acima de tudo, ele não queria que eu soubesse que subjacente à raiva de sua mãe estava o desejo desesperado de um menininho de ser amado por ela.

Essa vinheta clínica, emprestada a mim por um colega, demonstra que comprometimentos transitórios da escuta do analista podem ocasionar fantasias transferenciais do paciente e, assim, facilitar o tratamento. Tornando-se mais frequentes e não sendo "diagnosticadas", as incompreensões do analista devido à dificuldade do paciente com o idioma podem, entretanto, passarem a ser problemáticas.

O âmbito das funções mentais e, especialmente, a sexualidade é o mais vulnerável a ser envolvido em tal dilema. Por exemplo, um paciente bilíngue pode falar com facilidade no idioma adquirido sobre relação sexual, felação e cunilíngua ou, ademais, sobre defecação, urina e flatulência, e parecer "livre de resistência" para o analista. Entretanto, o mesmo paciente pode experimentar grande ansiedade e vergonha em pronunciar palavras correspondentes em sua língua materna (Akhtar, 1999; Amati-Mahler, Argentieri & Canestri, 1993; Ferenczi, 1911). Um analista satisfeito em escutar seu paciente no idioma em comum pode não perceber tais emoções, suas origens e seus fundamentos transferenciais.[7]

O bilinguismo do próprio analista envolve principalmente suas atividades de intervenção (Akhtar, 1999, 2011), mas também pode impactar sua escuta.

Vinheta clínica 33

Em uma de suas tumultuadas análises, Josephine Heller, uma cientista pesquisadora de quarenta anos de idade, fala-me de uma repreensão impiedosa e um tanto cruel por parte do seu marido. Os detalhes dados por ela são assustadores. Entretanto, pesarosamente acrescenta que quando ele estava certo de tê-la arrasado, passara a agir de forma muito gentil e simpática com ela. Ela conseguia, entretanto, perceber o desprezo de superioridade em tal "amor". Enquanto falava, me peguei repetindo internamente uma frase de Ghalib, o guru da poesia Urdu do século dezenove: "ki mere qatal ke baad, us ne jafaa sey toba" (literalmente: após ter-me matado, ele decidiu renunciar à crueldade para sempre). O fato de eu a "escutar" não em nossa língua Inglesa em comum, mas em minha língua materna, o Urdu, sinaliza que algo geralmente profundo está ocorrendo entre nós. Afinal, são apenas quatro a cinco vezes por ano que eu "escuto" meus pacientes, que falam em Inglês, em Urdu.

Um analista bilíngue é, então, alertado pelo seu inconsciente sobre a mobilização dos fenômenos transferência-contratransferência até então não percebidos. Dispensável acrescentar que o bilinguismo do analista nem sempre tem um efeito positivo; ele também pode contribuir para que o analista deixe de perceber as nuances e sutilezas da linguagem de seus pacientes "nativos".

Observações finais

Neste capítulo, delineei seis variáveis com potencial para impedir a escuta psicanalítica. Estas incluem (i) deficiência auditiva, (ii) resistência caracterológica por parte do analista, (iii) bloqueios contratransferenciais, (iv) rigidez conceitual e comprometimento inabalável a um ou outro modelo teórico, (v) diferença sociocultural importante entre analista e paciente, e (vi) bilinguismo de uma ou de ambas as partes da díade terapêutica. A lista talvez não seja exaustiva e as variáveis mencionadas aqui são pouco excludentes entre si. Mais de uma pode existir simultaneamente e uma variável (por exemplo, rigidez conceitual) pode ser afetada por outra (por exemplo, bloqueios contratransferenciais). Alguns fatores (por exemplo, perda auditiva leve) podem ser remediáveis, enquanto outros (por exemplo, diferenças culturais) são definitivos.

O analista, portanto, deve perceber e permanecer alerta quanto ao impacto potencialmente deletério desses fatores sobre a escuta analítica. Busquei expor esse impacto de forma vívida e convincente ao apresentar evidências corroborativas da literatura primária e ao oferecer vinhetas clínicas sugestivas retiradas da minha prática clínica.

O aspecto principal que tentei destacar é de que a capacidade de escuta do analista é vulnerável a comprometimentos e, portanto, demanda guarda e atenção vigilante. Uma análise pessoal contínua e minuciosa auxilia nesse sentido. Entretanto, por vezes, essa atenção só pode surgir como resultado de apresentações para grupos de colegas. "Escrever abertamente" (Coen, 2002) sobre os casos também oferece uma oportunidade de refletir sobre as coisas e ter um olhar revigorado sobre o material.

Outra maneira de "revigorar" a capacidade de escuta do analista frente a frente com um determinado analisando é ler as observações da consulta inicial dele ou dela. Aqui, existe um paradoxo. Por um lado, nós analistas valorizamos as informações transferenciais, "mais profundas", conforme emergem durante o curso do tratamento e somos, portanto, inclinados a desconsiderar nossas primeiras impressões e a primeira narrativa do paciente sobre sua história. Por outro lado, ler as observações feitas durante (ou imediatamente após) a primeira sessão pode refrescar a memória do analista acerca de coisas mencionadas ali, mas que nunca foram retomadas no trabalho clínico subsequente. O analista pode, inclusive, questionar se essas coisas de fato vieram à superfície, porém de formas disfarçadas que passaram despercebidas. A sombria possibilidade de que o analista tenha escutado de forma própria o paciente pode se tornar evidente como resultado. Em resumo, ler sobre a psicopatologia do paciente e seu histórico cultural, análise pessoal, opiniões de um grupo de colegas, escrever sobre o material clínico e revisitar observações iniciais, constituem medidas profiláticas contra a deterioração da capacidade de escuta do analista.

Notas

1. Sou grato ao Dr. Leon Hoffman que, em 10 de maio de 2011, postou essa informação na linha de comunicação aberta aos membros da Associação Psicanalítica Americana.

2. Outro problema é imposto pela sonolência e fadiga de psicanalistas idosos que continuam a ter uma agenda clínica lotada e tendem a ficar sonolentos durante a tarde (Kaspars Tuters, comunicação pessoal, 9 de março de 2012).

3. Ver os Capítulos 3 e 4 para passagens considerando o recrutamento de nossos selves corporais no processo de escuta.

4. Sou grato a um colega (que prefere permanecer anônimo) por emprestar-me esse material clínico.

5. Meu envolvimento afetivo nesse exemplo claramente excedeu os limites da "contratransferência positiva inobjetável" (Fox, 1998). Este último não é apenas inevitável, como necessário para manter a participação do analista na longa e tediosa tarefa da análise. Sua presença "silenciosa" é desvelada quando o analista apresenta o material clínico a colegas. Quase que invariavelmente, eles consideram o paciente "mais doente". Isso se deve, em grande parte, ao fato de eles não terem acesso às pistas visuais e auditivas e, mais importante, à ternura de familiaridade que se desenvolve na díade clínica ao longo de meses e anos.

6. As crenças políticas do analista e do analisando talvez constituam o "último tabu" na psicanálise. O fato é que a profissão é repleta de inclinações políticas subterrâneas, mas poderosas. Isso é mais evidente no âmbito organizacional; por exemplo, as três regiões da Associação Psicanalítica Internacional são a América do Norte, a América Latina e a Europa, deixando de fora um grande segmento do mundo, a saber, África, Ásia e Austrália. As sociedades psicanalíticas dessas últimas regiões são subordinadas a uma das três regiões reconhecidas. Os resultados são geoculturalmente assombrosos: China, Japão e Coréia são subordinados à

América do Norte; Austrália, Israel e Índia são subordinados à Europa. Como se isso não fosse suficiente, a literatura do nosso campo revela seus próprios vieses. Alguns preconceitos chamam atenção, outros não. Dentro dos próprios Estados Unidos, a psicanálise ignorou quase completamente a população afro-americana. Muitos exemplos desse tipo podem ser fornecidos, mas o ponto essencial é que a psicanálise é dificilmente "livre de política" e necessita acordar para isso. Os livros recentes de Frosh (1999), Layton, Hollander, Gutwill (2006), Hollander (2010) e Bosteels (2012) são, portanto, um acréscimo muito bem-vindo à nossa literatura.

7. Pacientes bilíngues não são os únicos a aplicar padrões de fala "mais seguros" a serviço da resistência. A preferência defensiva por uma linguagem higienizada (por exemplo, "sexo oral" ao invés de "felação") também pode ser testemunhada em pacientes monolíngues.

6. Recusar-se a escutar

"A psicanálise é justificadamente desconfiada.
Uma de suas regras é que tudo o que interrompe
o progresso do trabalho analítico é uma resistência."
Sigmund Freud (1900a, p. 517)

Primavera de 1978. Sou professor junior do corpo docente do Departamento de Psiquiatra da Escola de Medicina da Universidade de Virgínia. Estou considerando um treinamento psicanalítico e quero me candidatar a um instituto analítico. Porém, estou hesitante. Encargos reais e imaginados de tempo e dinheiro não são o que me incomoda. Eu estou com medo de rejeição, concebendo todos os tipos de cenários nos quais o instituto irá recusar meu ingresso. Sentindo-me preso, busco o conselho de Dan Josephthal, um supervisor meu. Ele é um homem cordial com um sorriso radiante e um brilho no olhar. Ele é fortemente realista e despretensioso. Também há certa ternura objetiva nele. Em suma, ele é um *Mensch*.[1]

No dia seguinte, chegamos a um restaurante italiano próximo ao seu consultório. Após fazermos nossos pedidos e trocarmos algumas amabilidades, ele me olha firmemente e diz, "Me diga por que você *não* se candidataria para o treinamento analítico?" Eu resmungo algo no sentido de que temo ser rejeitado. Ele parece intrigado e me pergunta, "Por quê?" Quando abro minha boca para responder, ele ergue sua mão indicando-me que eu pare, e diz, "Eu não estou interessado em escutar esses tipos de razões." Sua cordialidade e amabilidade me dizem que ele não me calou por grosseria. Este é, na verdade, um ato de ternura paternal, um toque para retirar-me momentaneamente de minhas inibições neuróticas tolas. Entendo aonde ele quer chegar. Ao recusar-se a escutar a (o que ele corretamente antecipou ser) minha autopunição inadequada, ele cinde meu ego em uma seção de experiência e em uma seção de observação. Na realidade, ele faz uma interpretação, dizendo-me que eu não deveria permitir que minhas ansiedades neuróticas ficassem no caminho do meu crescimento acadêmico. Dois dias depois, eu envio minha inscrição para o instituto psicanalítico.

A memória desse encontro permanece comigo. Volto a pensar sobre isso de tempos em tempos. Tal trabalho autoanalítico conduz a uma compreensão mais profunda do que realmente ocorreu naquela ocasião, o que eu esperava do meu supervisor e quantos significados estavam incluídos em seu hábil gesto. Gradativamente, todo o episódio modifica seu status de um *koan* Zen para um poema de amor. Eu acredito que, mais ou menos, o acabei. Pouco eu sabia que o tópico de recusar-se a escutar certos tipos de materiais apareceriam em meus escritos clínicos trinta e quatro anos mais tarde.

A fala como um impedimento ao tratamento

Ao concordar com a "regra fundamental" (Freud, 1900a) da psicanálise, a injunção para o paciente associar livremente, nós desconsideramos que a melhora intencionada da comunicação pode não ocorrer em tais circunstâncias. Ao invés disso, a fala do paciente pode adquirir funções outras do que a transferência de informações. Ela pode passar a servir a finalidades defensivas ou tornar-se um veículo de descarga instintual. Nesse contexto, há pertinência na sugestão de Breuer e Freud (1895d): sob regressão, a "representação de palavras" auditivas, típicas dos "Sistemas Consciente e Pré-consciente" pode voltar a ser "representação de coisa", (tátil) típica de "Sistema Inconsciente". Transformadas em suas contrapartes concretas e sensuais, as palavras faladas podem então tornar-se instrumentos de atuação sobre o mundo objetal. A astuta observação de Ferenczi (1911) de que palavras obscenas na língua materna possuem um valor de descarga muito maior (portanto, proibição moral mais rígida) do que aquelas em uma linguagem posteriormente adquirida apresenta proximidade conceitual com o ponto de Freud; na língua materna, tais palavras são próximas à "representação coisa", tendo em vista que a criança tem um vocabulário limitado e conhece apenas uma palavra para a parte do corpo ou ação em questão.

Grande expoente dessas ideias foi Ella Freeman Sharpe (1940), que observou que as palavras, em sua base, refletem barulhos naturais (por exemplo, cochicho, explosão) e/ou sons cristalizados que emergiram na civilização primitiva e denotam o relacionamento do homem com seus iguais, com seu ambiente, com sua autopreservação e com seu potencial reprodutivo. De forma mais importante, Sharpe desvelou o fato de que os objetivos instintuais geralmente buscam descarga por meio do ato de falar. Ela afirmou que:

> *A descarga do sentimento de tensão, quando este não mais é aliviado pela descarga física, pode ocorrer através da fala. A atividade de falar é substituída pela atividade física agora restrita a outras aberturas do corpo, enquanto as palavras em si tornam-se as substitutas das substâncias corporais (p. 157).*

Aplicando essa concepção para a situação clínica, Reik (1968) falou do "discurso sem sentido" (p. 182) de indivíduos obsessivamente ruminativos, e Bach (1977) falou sobre a autoestima regulando o discurso vazio de pacientes narcisistas. A fala incessante de alguns outros pacientes reflete um desejo de fusão perfeita com o analista--mãe. Eles falam sem qualquer consideração pelos sentimentos do ouvinte. Esse uso das pessoas como continentes resulta na exploração, em vez de um intercâmbio com elas. O "uso dos outros como drogas, como participantes de seus cenários secretos fundamenta-se em um postulado do Impossível, isto é, que os outros existem apenas como partes de nós mesmos" (McDougall, 1985, p. 10).

De forma fascinante, muito antes dessas contribuições (por exemplo, Sharpe, Reik, Bach e McDougall), Ferenczi (1915) escreveu um trabalho intitulado "Talkativeness", o qual aborda como o ato de falar muito durante as sessões pode, na verdade, sabotar a associação livre e servir como resistência à análise. Ironicamente, o trabalho de Ferenczi constitui-se de duas frases e é citado a seguir em sua completude.

> *Com vários pacientes, a logorreia provou ser um método de resistência. Eles discutiam superficialmente todas as questões irrelevantes consideráveis, de forma a não ter que falar ou refletir sobre questões importantes (p. 252).*

A ênfase de Ferenczi em propósitos defensivos precisa ser integrada com o foco dado por autores posteriores sobre as funções de descarga de volubilidade. A presença desta última é inconfundível no em conversas lascivas ou chulas, onde o sujeito obtém prazer sexual utilizando expressões lascivas e detalhes vívidos de atos eróticos em sua linguagem. O fato que essa "corrupção" da linguagem na situação clínica não deve ser deixada sem contestação é o que nos remete novamente ao "recusar-se a escutar" por parte do analista.

Uma intervenção técnica incomum

Uma possibilidade técnica[2] provocativa, porém séria e até então não explorada, pertence ao fato de o analista comunicar ao paciente que ele (ou ela) se recusa a escutar o material do paciente. A mera menção a tal intervenção certamente horroriza muitos, se não todos, os psicanalistas. Portanto, permita-me explicar rapidamente o que quero dizer com essa inovação, sob quais circunstâncias ela pode ser indicada e qual é a lógica teórica e técnica que a fundamenta.

Com base na minha leitura da literatura psicanalítica e ao longo de três décadas de experiência clínica, encontrei quatro indicações para a intervenção que, para economia de espaço e tempo, pode ser chamada de RàE ("recusa à escuta"). Estas são: (i) RàE para evitar uma aliança perversa desde o início, (ii) RàE para demonstrar que a repetição interminável de temas já trabalhados oculta, na verdade, a busca por um certo tipo de relacionamento transferencial; (iii) RàE para "estragar" o prazer perverso da descarga instintual por meio da função da linguagem, e (iv) RàE com objetivo irônico mutuamente reconhecido de demonstrar que regressões de última hora durante a fase de término precisam ser "empurradas para cima" em direção à saúde, ao invés de "puxadas para trás" para desconstrução analítica. Essas quatro indicações para a RàE são agora abordadas, em algum grau, separadamente.

RàE para evitar uma aliança perversa desde o início

Estabelecer e salvaguardar a estrutura terapêutica torna-se importante desde o princípio do contato com pacientes. A descrição de Kernberg (1984) de "entrevista estrutural" demonstra claramente esse ponto; a incapacidade e/ou recusa do paciente de seguir esse processo passo a passo necessita não somente de investigação, mas por vezes, de confrontação e bloqueio. Ao escrever sobre essa maneira de trabalhar há vinte anos, fiz as seguintes observações:

> Uma importante tarefa durante a entrevista inicial, além de coletar informações, é estabelecer, manter e proteger a estrutura terapêutica. A ingenuidade e/ou psicopatologia de um paciente geralmente exercem uma tração no ego de trabalho do entrevistador nesse sentido. Não existe nenhuma regra dura e rápida para lidar com situações complexas que podem surgir inesperadamente durante uma avaliação inicial. Entretanto, uma diretriz útil é que uma desistência temporária à postura neutra de analista é quase sempre preferível a arriscar algum dano ao paciente ou a si mesmo, por continuar uma entrevista sob circunstâncias bizarras e fazer um conluio com a patologia de alguém (Akhtar, 1992, p. 289).

Uma situação especialmente complicada é quando um paciente se recusa a dar informações acerca da sua própria identidade, mas insiste em falar sobre os problemas que demandam auxílio.

É nesse contexto que o analista pode ser forçado a utilizar a RàE como uma intervenção; evitar seu uso acarreta o risco de estabelecer uma aliança perversa e um tipo de postura clínica *laissez-faire* onde "tudo vale".

Vinheta clínica 34

Julie Robinson marcou um horário comigo para que eu a auxiliasse com alguns "problemas emocionais". Quando nos conhecemos, entretanto, ela recusou-se a me dizer seu endereço e outras informações de identificação. Eu lhe perguntei as razões para tal sigilo. Ela disse que trabalha como governanta domiciliada na casa de um homem extremamente rico e excêntrico que não quer que ela diga a ninguém que mora lá. Portanto, ela não podia me dar seu endereço; tudo que ela podia dizer é que morava em tal e tal parte da cidade. Como se para reforçar a validade de sua postura sigilosa, Julie agora revela que havia me dado um nome falso. Seu nome, na verdade, era Christine Thomson. Como se nada extraordinário houvesse ocorrido entre nós, ela continuou a falar sobre os problemas (por exemplo, insônia, sentimentos de ansiedade) para os quais estava buscando ajuda comigo. Eu a interrompi e destaquei que havia uma contradição no fato de ela não confiar-me seu endereço e número de telefone e a sua prontidão para revelar suas preocupações pessoais a mim. Como ela explicava isso, eu perguntei. Ela respondeu dizendo, "Tudo bem, eu lhe darei meu número de telefone" e então procedeu a fazê-lo. Bem, enquanto isso acontecia, eu imediatamente reconheci que o número de telefone pertencia a uma área da cidade muito distante do local onde ela supostamente morava. Eu larguei meu bloco de notas, olhei para ela, e confrontei o fato de ela me dar informação falsa. Ela se desculpou profusamente e sugeriu que começássemos tudo de novo. Desta vez, ela seria totalmente sincera comigo. Agora ela me disse que nem mesmo Christine era seu nome verdadeiro. Seu verdadeiro nome era Catherine James, ela morava em tal e tal rua e seu verdadeiro número de telefone era tal. Entretanto, à luz de tantas mentiras que ela contara até então, eu tinha poucos motivos para confiar nela, apesar de querer muito fazê-lo: de que outra forma eu poderia compreendê-la e auxiliá-la? Então, decidi adotar uma postura firme e verificar as coisas por mim mesmo. Eu pedi para que ela abrisse sua bolsa, pegasse sua carteira de motorista (onde constaria seu verdadeiro nome e endereço) e a mostrasse para mim. Ao invés disso, a paciente continuou falando sobre como ela não consegue dormir e se sente ansiosa o tempo todo. Eu disse-lhe que não estava interessado em escutar esses assuntos (isto é, usei a RàE) a não ser que ela me mostrasse sua carteira de motorista. Ela ficou corada, perturbada e se recusou a fazê-lo. Enquanto essa recusa tornava-se mais tenaz, convenci-me que ela ainda não estava sendo sincera comigo. Senti que havia pouco sentido em continuar a entrevista. Utilizando a RàE, eu lhe indiquei que ficaria feliz em vê-la novamente no futuro quando ela me procurasse com a intenção de ser honesta. E, nesse momento, terminei a entrevista.

Embora a paciente não tenha retornado, isso não necessariamente significa que ela estava "perdida" para tratamento. Ela pode ter aprendido algo significativo a partir desse encontro e se comportado honestamente ao buscar auxílio com outro terapeuta. Minha postura técnica consistiu em manter curiosidade, demonstrar flexibilidade, exigir um grau básico de honestidade, confrontar defesas patológicas e apelar para as partes saudáveis da sua mente. Minha RàE foi um último recurso. Conduzir a entrevista em face de mentiras óbvias teria sido pouco útil, tendo em vista que toda a informação teria permanecido suspeita.

Para ser justo, deve-se reconhecer que a patologia do superego da paciente não foi a única contribuição para o ocorrido. O encontro ocorreu há mais de vinte anos, quando eu era muito mais inexperiente. Agora, eu raramente uso a RàE durante uma avaliação inicial e, nas raras ocasiões em que a uso, ela é suave e objetivada a proteger que os conteúdos mentais do paciente sejam espalhados por todo lado; o objetivo é manter os assuntos ao menos um pouco coerentes para que possamos chegar a uma compreensão mútua do problema em questão. Se essa postura "mais leve" suportaria um encontro com um paciente com similar patologia severa do superego, ainda precisa ser visto.

RàE para revelar o desejado relacionamento transferencial

A próxima indicação para recusar-se a escutar é quando o paciente repete algo *ad nauseam*. Podem incluir-se aqui reclamações furiosas acerca de maus-tratos parentais na infância, insatisfação com um casamento, ou um sentimento de estar sendo tratado injustamente no local do trabalho. Independentemente do conteúdo, o material é repetido inúmeras vezes e, em cada ocasião, é como se este estivesse sendo relatado pela primeira vez. Por vezes, há certo tom de falsa descrença no paciente que começa a reclamar com um tom de "Você acredita nisso?" O analista que escutou a reclamação centenas de vezes antes, sente-se sobrecarregado e impaciente. Ele deseja colocar fim a essa litania e recusa-se a ouvir o paciente contar a história demasiado familiar mais uma vez.

Antes de prosseguir, permitam-me acrescentar algo importante aqui. Estou plenamente ciente de que, proeminentes dentre os constituintes do comportamento analítico estão não somente uma "neutralidade benevolente" (Stone, 1961) livre de julgamento e o trio de sobrevivência, visão e fé (Akhtar, 2009), como também uma postura completamente sem pressa. O analista precisa ter paciência. Ele escuta o material oferecido pelo paciente repetidamente, a cada vez de uma perspectiva levemente diferente e a cada vez apreendendo uma nova nuance do que o paciente está tentando comunicar. O processo é lento e não pode ser apressado. Isso é especialmente verdadeiro no caso de pacientes que sofrem de uma "falha básica" (Balint, 1968), que nutrem fantasias persistentes de "algum dia..." e "se ao menos..." (Akhtar, 1996) e que foram severamente traumatizados durante a infância. Esses pacientes carregam uma esperança desesperada de serem compreendidos e auxiliados, embora suas expectativas sejam frequentemente um tanto quanto mágicas (McDougall, 1985). Contudo, antes que a sua esperança excessiva seja frustrada diretamente ou por meio da interpretação,

> *[o] paciente deve experimentar por tempo suficiente e em diferentes níveis de solidez da aliança terapêutica, a segurança de ser compreendido, o benefício de uma elaboração cuidadosa e minuciosa da transferência, e uma estrutura relacional que o possibilite conter a compreensão e elaboração do rompimento do jogo transferencial (Amati-Mehler & Argentieri, 1989, p. 303).*

Considerações de tempo real estão envolvidas aqui. Por exemplo, quando um paciente lamenta incessantemente a perda de um ente querido, um casamento ruim, ou uma situação de emprego frustrante, é melhor, por um longo tempo, "concordar" com o paciente e demonstrar sua compreensão sobre a natureza das fontes conscientes da agonia do paciente. Balint enfatiza que, sob tais circunstâncias, o processo analítico

> *não deve ser apressado por interpretações, embora corretas, tendo em vista que elas podem ser sentidas como interferências indevidas, como uma tentativa de desvalorizar a justificativa de sua queixa e, portanto, ao invés de acelerá-lo, elas irão desacelerar os processos terapêuticos (1968, p. 182).*

Entretanto, mais cedo ou mais tarde, chega o momento em que o analista é compelido a abordar o padrão defensivo do paciente de repetir uma história conhecida e o *enactment* sadomasoquista inerente a tal discurso. Falhando em engajar o paciente nessa tarefa interpretativa, o analista deve estar preparado para limitar e até mesmo romper a maneira de relacionar-se do paciente. Agora o analista recusa-se explicitamente a escutar o material superficial e insiste em aprofundar-se. Essa tática não é convencional e nem livre de riscos. Ela pode traumatizar o paciente e requerer muito trabalho do tipo de "controle de danos". Entretanto, uma intervenção desse tipo também pode constituir o ponto de mudança no processo analítico e fornecer acesso a configurações mais profundas no eixo transferência-contratransferência.

Vinheta clínica 35

> *Rachel Rosenblatt é uma professora escolar em meados de seus cinquenta anos. Ela buscou análise com um vago*

*medo de não ter objetivos, uma incapacidade de compro-
meter-se com qualquer busca significativa e um sentimento de que seu casamento está emocionalmente acabado.
É vivaz e falante. Seu histórico revela seu autocrescimento
a partir de uma classe média baixa e de uma família bastante provincial. Ela quer crescer, viajar e experimentar a
vida de formas mais amplas e profundas.*

*Um tema importante e recorrente em sua análise cons-
titui-se de suas tentativas de "provar" para mim que
seu marido Fred é intelectualmente enfadonho e chato.
Rachel conta episódio após episódio, fornece detalhes
grandes e pequenos, para conduzir a esse tema. Ele não
responde aos apelos dela de uma conversa "real", não
lhe diz mais do que uma ou duas palavras após saírem
de um cinema e responde com monossílabos quando ela
conta sobre seu dia na escola onde leciona. Ela o considera muito chato. Ele está deixando-a extremamente
furiosa. Semanas se passam e meses tornam-se anos,
mas Rachel continua trazendo mais e mais evidências
do quanto Fred é chato.*

*Minhas tentativas de apontar sua insistente necessida-
de de convencer-me e sua descrença implícita na minha concordância essencial com ela levam-nos a lugar
algum. Quando eu relaciono a cena do "marido chato"
com a mãe descomprometida da sua infância, ela consegue entender, mas o material permanece superficial.
Eu me sinto desamparado, irritado e, francamente,
"entediado"!*

*O que está acontecendo? Eu pergunto a mim mesmo e
a ela. Isso é muito pouco útil. A cada dia, Rachel tem*

uma nova história com o mesmo final: seu marido era totalmente inepto a conversação e era muito chato. O tempo passa.

Certo dia, ela inicia a sessão com "Você sabe como Fred se comportou na noite passada?" Sentindo que o Conto do Marido Chato está prestes a se desenvolver pela quadringentésima vez, eu respondo dizendo, "Eu receio não estar interessado em escutar aos detalhes da noite passada. Mas estou muito interessado em escutar aos seus pensamentos sobre porque você quer me contar a mesma história indefinidamente. O que você ganha com isso? O que você acha que está fazendo comigo com essas repetições? Rachel me ignora e passa a contar sobre como seu marido fora chato na noite passada. Eu interrompo e digo, "Não, eu não quero ouvir os detalhes do que aconteceu na noite passada, pois que sei que eles não conterão nada de novo. Eu estou interessado é na sua necessidade de contar-me isso como se eu nunca tivesse escutado essa história antes e como se eu não concordasse com você." Rachel pressiona. Eu a desafio mais uma vez, observando silenciosamente comigo mesmo que, nesse ponto, seu jogo sadomasoquista está lentamente tornando-se um tanto "delicioso". Especulações posteriores começam a surgir em minha mente, como resultado.[3]

Em essência, minha RàE funcionou como preparação para a realização de uma interpretação; ajudou a desvelar uma relação transferencial em níveis múltiplos, o qual o paciente buscava desesperadamente. Embora não colocando explicitamente em palavras, ao falar incessantemente, a paciente estava tentando forçar-me nos papéis de (i) a parte "entediada" de si mesma com ela desempenhando o papel do marido chato (sendo a fala excessiva um grande disfarce para o discurso monossilábico dele), (ii) sua mãe desinteressada, cuja atenção ela desejava intensamente obter quando criança, e (iii) um marido distante a quem, contudo, ela queria contar suas experiências triviais e não tão triviais. Havia muito deslocamento e identificação projetiva em operação aqui. Subjacente a tudo, estava um desejo de um "continente" sem mente (Bion, 1962b) que absorveria todos seus acontecimentos mentais pacientemente e para sempre; isso é identificação projetiva tornada maligna. O ponto, entretanto, é que foi a RàE que pavimentou o caminho à análise de tais transferências ocultas.

RàE para "estragar" o prazer da descarga instintual excessiva

Outra indicação para recusar-se a escutar é quando o paciente parece estar obtendo demasiada gratificação instintual pela fala. Que a fala pode tornar-se instintualizada tem sido observada desde os primórdios da psicanálise. Como mencionado, Breuer e Freud (1895d) e Freud (1900a) reconheceram a qualidade sensorial e mágica das palavras e Ferenczi (1911) destacou o grande poder emocional das obscenidades na língua materna do indivíduo quando comparado às adquiridas em uma linguagem posterior. Abraham observou que

> nós encontramos certos traços de caráter em pessoas, que podem ser rastreados a um peculiar deslocamento dentro da esfera oral. Seu desejo de experimentar gratificação por meio da sucção modificou-se para uma necessidade de dar por meio da boca, para que encontremos

neles, além do desejo permanente de obter tudo, uma
necessidade constante de comunicar-se oralmente com
outras pessoas. Isso resulta em um impulso obstinado de
falar, conectado em muitos casos com um sentimento de
transbordamento (1924, p. 401).

Analistas posteriores (Fliess, 1949; Sharpe, 1940) observaram
as contribuições das funções de descarga anal e uretral em padrões
da fala. Ademais, Loewenstein (1956) afirmou que a forma de falar
de um paciente pode revelar que, por vezes, ele utiliza a fala para
seduzir ou agredir o analista. Um exemplo desses casos são aqueles pacientes *borderline* que frequentemente ficam enraivecidos e
gritam alto com seus analistas. Sendo inundados emocionalmente
pelo menor erro de sintonização por parte do analista, eles começam a berrar, gritar obscenidades e, por vezes, emitir gritos aterro-
rizantes. A primeira manifestação de tais inundações emocionais
é, geralmente, um rápido

acúmulo de memórias e fantasias que dão suporte à mes-
ma emoção. O paciente pode recorrer a essas memórias
ou fantasias apenas como uma forma de "taquigrafia"
– frases fragmentadas ou uma única palavra. Ele então
pode começar a gaguejar e perder completamente o poder
de fazer um discurso inteligível. O paciente pode gritar e
exibir atividade motora difusa; ele pode parecer ter perdi-
do sua identidade humana (Volkan, 1976, p. 179).

Sob tais circunstâncias, o analista deve permanecer imóvel,
em um estado afetivo baixo, dizer poucas coisas exceto nomear
o afeto (Katan, 1961) e, por vezes, referir-se ao paciente pelo seu
primeiro nome (Volkan, 1976). Nomear a emoção fornece um ma-

nejo cognitivo para domínio do ego e nomear a pessoa recupera a identidade humana, impedindo a transformação diabólica causava pela fúria intensa. Essas medidas técnicas funcionam bem quando os gritos são ocasionais e breves. Entretanto, quando tais ataques de raiva são uma questão de ocorrência diária e, especialmente, quando o paciente parece estar obtendo grande satisfação sádica com eles, limites comportamentais devem ser estabelecidos. Os vastos escritos de Kernberg (1975, 1984; Kernberg, Selzer, Koenigsberg, Carr & Appelbaum, 1989, 2008) sobre o tratamento de pacientes *borderline* discutem em detalhe esse estabelecimento de limites. Aqui, será suficiente dizer que o analista pode recusar-se a escutar a tais gritos, explicando firmemente ao paciente que tal comportamento acrescenta pouco ao processo de tratamento; de fato, ele desvia do aprofundamento da compreensão acerca do que está perturbando o paciente em seu núcleo. Tal *acting out* precisa ser "controlado"[4] antes que se possa se tornar passível de interpretação. Ao fazê-lo, um *enactment* parcial e passageiro de agressão contratransferencial pode ser inevitável.

Mesmo as formas menos abertamente explosivas de fala coercitiva por parte do paciente pode evocar reações poderosas do terapeuta. A seguinte lembrança de um respeitado colega atesta a esse fato.

Vinheta clínica 36

> *Eu olhei para meu relógio e percebi que estava na hora da minha sessão regular de quarta-feira com Annabelle Wright. Talvez ela cancelasse. Ela o fazia com frequência, embora geralmente me avisasse com maior antecedência do que esta. Peguei-me esperançoso de que ela estivesse atrasada. Isso era possível. Na verdade, era provável.*

O pensamento energizou-me o suficiente para abrir minha porta gentilmente. Mas ali estava ela, enchendo seu copo com água, olhando para cima e encontrando meus olhos. Fiquei desapontado.

Annabelle era uma aspirante a atriz de trinta e quatro anos, que havia sofrido um trauma significativo quando criança. Sendo ambos os pais abusadores de substâncias, ela teve sorte de sair viva de seu ambiente familiar. E isso não era um exagero, tendo em vista que a violência não era rara em seu lar da infância. Por qualquer outro paciente, eu teria sentido a maior compaixão. Sua história era supostamente interessante, sua força e coragem eram admiráveis. Entretanto, de alguma forma, tudo que eu sentia era nebuloso. Quando Annabelle falava, eu perdia o foco. Por mais que eu tentasse, não conseguia me prender a qualquer coisa que fosse significativa. Ela falava de forma imprevisível, intensa e rapidamente, mas realmente não falava nada significativo. Usava linguagem psicologicamente astuta que parecia perspicaz, porém quando examinada, carecia da profundidade que eu inicialmente atribuíra às suas palavras. E ela frequentemente falava durante toda a sessão, dando-me pouca oportunidade para intervir. Por vezes, eu tentava dizer alguma coisa perto do fim da sessão, mas ela frustrava esse esforço e continuava falando. Falhei repetidamente em fazer com que ela deixasse meu consultório menos de cinco minutos depois da hora que a sessão deveria ter acabado.

Eu poderia ter lidado com a enxurrada de palavras de Annabelle se não fosse pela hostilidade que ema-

nava de seus poros. Ela chegava atirando dardos em minha direção com seus olhares, encarando-me, esperando que eu a ofendesse de alguma forma. Com frequência, eu pensava que se olhares pudessem matar, eu estaria morto.

Inevitavelmente, eu mencionava algo que seria benigno para outros, mas que para Annabelle era capaz de feri-la mortalmente. O fato de eu perguntar sobre seu parceiro significava que eu não havia lhe escutado na sessão anterior. Minha sugestão de que ela sentia irresoluta quanto ao seu passado significava que eu não tinha empatia pela sua situação atual. Minhas tentativas de ser empático significavam que eu não poderia lhe dar o insight do qual necessitava para sair de sua difícil situação. Ela chegava à sessão com um objetivo em mente e se eu sequer ousasse interrompê-la ou mudar o curso, ela me diria claramente que ela não achava que seria útil seguir naquela direção. Ela então continuaria me falando sobre o que ela achava que "nós" deveríamos explorar, apesar de não permitir que eu participasse da conversa. Eu sentia-me preso como um refém. O fluxo de suas palavras parecia uma corda apertando em meu redor e sufocando-me. E então, naquele dia, enquanto Annabelle seguia falando, meus olhos ficavam pesados. Eu sentia-me demasiadamente cansado, exausto. E eu sentia um leve pânico, ansioso de que ela fosse "testar" minhas habilidades de escuta e que eu fosse solicitado. Entretanto, a neblina caía contra a minha vontade e eu eventualmente sucumbia (Helen Engal, comunicação pessoal, janeiro de 2011).

A presença de hostilidade na fala incessante é um assunto abordado por Aulagnier a partir de uma perspectiva inovadora.

> *Se considerarmos a função auditiva, o que notaremos é a ausência nesse registro de qualquer sistema de fechamento comparável ao fechamento das pálpebras ou dos lábios, ou à retração tátil que o movimento muscular permite. A cavidade auditiva não pode se retirar da irrupção de ondas sonoras; é um orifício aberto no qual, em estado desperto, o externo penetra continuamente... [consequentemente] o objeto-voz pode facilmente tornar-se a incorporação do objeto persecutório (2001, p. 60).*

Aulagnier acrescenta que, tendo em vista que a qualidade da voz (da mãe) pode aumentar ou romper qualquer prazer que o seu filho esteja experimentando, a experiência do paciente com o tom do analista é extremamente importante. E, poder-se-ia acrescentar, assim também é a qualidade da voz do paciente. O recorte de experiência contratransferencial atesta amplamente a isto. O ácido de ódio pingava de cada palavra que a paciente falava.

Em contraste, está a evidente gratificação libidinal extraída da fala por alguns pacientes. Aqui, também, a função comunicativa da fala está obnubilada. Uma categoria desses pacientes é formada de pervertidos sexuais e a outra se constitui de narcisistas. Os pervertidos podem recorrer a falar de maneira hipersexualizada, demorando-se um pouco mais em detalhes sexuais e pronunciando o nome dos genitais com ênfase sempre fresca. Por outras vezes, ele não recorre ao "dirty talk" e ainda assim parece estar fazendo sexo por meio da fala. O narcisista também pode utilizar a fala para outros propósitos que não o da comunicação. Bach observa que *no estado narcisista, a linguagem é usada predominantemente de maneira autocentrada, para regular o bem-estar ou a autoestima, ao invés de maneira alocentrada por propósitos de comunicar-se com ou compreender um objeto. Portanto, a ênfase é menor na função comunicativa e maior na função geneticamente primitiva das palavras, que podem ser usadas para amedrontar ou acalmar, para distanciar ou fundir, para controlar ou ser controlado... Porque a linguagem é usada de forma mais manipulativa ou como substituta de modalidades mais primitivas, proximais e autocentradas, tais como o toque, o paladar e o olfato, têm-se o sentido geral de que a linguagem é empobrecida, embora por vezes, ela possa ser retoricamente brilhante (1977, pp. 218-219).*

O analista deve tentar desvelar tais usos perverso e narcísico da linguagem. Confrontar o paciente – primeiramente, de forma gentil, mas se o padrão persistir, de forma firme – com sua agenda oculta pode distanciar o que o paciente diz de como ele diz. Em contrapartida, isso pode ser usado para aprofundar a consciência da transferência que está operando quando tal fala é aplicada. Entretanto, isso é mais fácil dizer do que fazer. Padrões de fala instintualizados desse tipo são profundamente encrustados na personalidade; eles são egosintônicos e satisfatórios. Portanto, pode ser necessário "bloqueá-los" em seu estado mais primitivo e incipiente, chamando atenção do paciente para a qualidade essencialmente hostil (no caso de pacientes paranoides), picante (no caso dos pervertidos), e autoapreciativa (no caso dos narcisistas) do discurso e comunicando ao paciente que o analista irá recusar-se a continuar escutando se o paciente falar nessa maneira. Paradoxalmente, é tal bloqueio que geralmente traz à consciência o relacionamento *self*-objeto particular que estava sendo desempenhado pelo "xingamento", pelo "*dirty talk*" ou pela "divagação narcisista".[5]

RàE com propósito humorístico e irônico durante a fase de término

Finalmente, há a quarta indicação para recusar-se a escutar e esta se dá quando uma transferência extensivamente analisada ressurge um dia ou dois antes da data de término mutualmente acordada. Frequentemente, há um conteúdo irônico, se não cômico, em tal ocorrência. Isso fica evidente na seguinte vinheta, emprestada a mim por um distinto colega.

Vinheta clínica 37

David Conn, um homem de trinta e seis anos, cresceu com um sentimento de que seu pai não gostava dele. Ele ansiava por amor paterno e, no decorrer de sua análise, oscilava entre defender-se contra meu criticismo imaginado e procurar desesperadamente minha aprovação e reconhecimento. Anos de interpretação da transferência edípica implícita e de desconstrução meticulosa da distorção projetiva da imagem de seu pai conduziram a uma aproximação real entre ele e seu pai. Dentro da análise, também, a tensão diminuiu. Seus impulsos competitivos hostis poderiam agora emergir à superfície e serem submetidos à associação genética bem como modulação egoica em direção a uma ambição de trabalho saudável. Uma data de término foi mutualmente combinada no sexto ano de seu tratamento. As questões procederam mais ou menos de acordo com a expectativa.

Então, exatamente na última sessão, David disse, "Sabe, eu fico imaginando mais uma vez se você secretamente me odeia. E se..." Eu o interrompi com um gemido exagerado e claramente debochado, "Não, não. Por favor, não me diga isso agora. Eu não quero ouvir isso agora!" David caiu em gargalhadas e a sessão prosseguiu em direção aos seus últimos minutos conosco nos despedindo, de uma posição de consideração e afeto mútuos (Vamik Volkan, comunicação pessoal, 11 de fevereiro de 2011).

Aqui, a recusa do analista em escutar teve um propósito inteiramente diferente do que nas outras vinhetas citadas. Feita em um estágio do tratamento onde a existência de mutualidade respeitosa dentro da díade era tida como certa e quando havia pouco tempo disponível para interpretação, a RàE teve a intenção de lembrar o paciente de que ele agora podia fazer uma escolha entre render-se à regressão ou não. O fato de que o analista emitiu um gemido debochado ao declarar sua RàE e que o paciente respondeu a esta através de risadas confirma que o espírito humorístico subjacente à intervenção era conhecido por ambos.

Observações finais

Neste capítulo, observei que, por vezes, a própria fala pode servir como uma resistência ao processo analítico. Abordei então a complicada questão acerca de se a escuta é sempre "boa" e útil. Sugeri então que o analista pudesse, na verdade, recusar-se a escutar: (i) quando, desde o princípio de seu contato, o paciente tenta empurrar o analista para uma condição de não aliança, (ii) quando o paciente repete *ad nauseum* alguma coisa, (iii) quando o paciente utiliza a fala predominantemente para descarga instintual ou estabilização narcísica, e (iv) quando o paciente aborda uma transferência já analisada, de maneira humorística inconsciente, próximo ao fim da análise.[6] Enfatizei que, em geral, a RàE é uma estratégia técnica que (i) deve ser utilizada somente por analistas com considerável experiência na condução de análise em linhas tradicionais, (ii) deve ser utilizada com moderação e apenas quando uma ou outra das indicações delineadas esteja claramente presente, (iii) deve ser utilizada depois que muita escuta, intervenções afirmativas e trabalho interpretativo tenham sido feitos, (iv) é reservada para fases posteriores de análises longas, (v) deve ser feita após supervisão com um colega e, se isso não for possível, seu uso deve ser posteriormente discutido com um colega, (vi) deve ser utilizada depois que um esforço honesto tenha sido feito para dissociar as tentações contratransferenciais da intenção terapêutica genuína, e (vii) requer que seu impacto sobre o paciente seja considerado e manejado analiticamente.

Também é válido ressaltar que mesmo quando o analista utiliza a RàE, ele na verdade não para de escutar. O que ele faz é deixar de escutar o material superficial. O analista, que já ouviu quinhentas vezes sobre a indiferença dos pais em relação ao paciente, pode levantar a mão e dizer, "Sabe de uma coisa, eu não estou realmente interessado em escutar essa história toda mais uma vez, mas estou muito interessado em por que você se sente motivado a contá-la repetidamente, como eu nunca a tivesse escutado." Ao parecer não estar escutando (o material superficial), o analista, na verdade, demonstra que ele está mais sintonizado (isto é, "escutando") com o que possa estar oculto por trás da necessidade do paciente de repetir algo interminavelmente. Na realidade, essa "recusa a escutar" constitui uma "ação interpretativa" (Ogden, 1994; ver também o Capítulo 6 deste livro). É a forma do analista dizer "Veja, não vamos nos desviar por fenômenos secundários e/ou envolvermo-nos em um *enactment* instintual. Ao invés disso, vamos focar na

necessidade que você tem de utilizar tais manobras e nas ansiedades que impulsionam essa necessidade."

A lógica teórica para a intervenção que delineei aqui reside no
fato que a escuta, como todas as outras funções humanas, pode
ser separada do controle egoico e vir a estar sob o domínio do id
ou do superego. Em outras palavras, a própria função de escuta
pode passar a ser instintualizada.[7] O analista pode seguir escutando repetições intermináveis ou um discurso instintualizado como
forma de submissão masoquística ao paciente. O analista também
pode continuar escutando eternamente porque idealiza a escuta;
quanto mais se escuta, melhor ele parece aos olhos dos ideais analíticos internalizados. Essa complicação pode condenar o analista e
fazer com que sua escuta seja, em última análise, motivada pelo superego. Não é necessário dizer que esse problema é mais provável
que ocorra entre candidatos e aspirantes a tornarem-se analistas
em treinamento, visto que esses dois grupos permanecem dependentes da aprovação da técnica por parte de um terceiro.

Em minha opinião, o grito violento e o *"dirty talk"* do paciente
devem ser vigorosamente interrompidos, se esforços mais gentis
na confrontação e interpretação parecerem não dar resultados.
Também acredito que a escuta interminável a um material repetiti-
vo é uma perversão do comportamento analítico. Isso também não
deve ser permitido que se desenvolva ou continue ocorrendo por
muito tempo. O otimismo patológico subjacente à repetição do
paciente deve ser confrontado e, em casos persistentes, rompido.
Basicamente, isso se resume a "ter que afirmar que nem a análise
e nem o analista é um salvador onipotente conforme os pacientes,
em sua ilusão, necessitavam acreditar" (Amati-Mehler & Argentieri, 1989, p. 301). A intervenção objetiva injetar uma "desilusão
ótima" (Gedo & Goldberg, 1973) na interação clínica e requer que
o analisando aprenda a abrir mão do pensamento mágico. As

fantasias *self*-objeto relacionadas, bem como o prazer instintual inconsciente associado com repetições monótonas, crises de gritos e conversação sexualizada podem, somente então, emergir à superfície. Colocar um fim nisso pode ser um tanto traumático para o paciente, mas também pode constituir um marco no processo analítico desde que, obviamente, as funções de *holding* do analista estejam adequadas e que o efeito dessa intervenção confrontativa possa ser analisado.

Em suma, escutar é bom. Escutar pacientemente por um longo tempo é melhor. Mas escutar eternamente a um material que é demasiado familiar ou altamente instintualizado constitui um conluio com o sadomasoquismo e narcisismo do paciente. Essa escuta é contrária aos propósitos da psicanálise.

Notas

1. Tradução do alemão: homem.

2. Mencionei essa intervenção anteriormente (Akhtar, 2009, 2011b), porém com menos detalhes clínicos e elucidação teórica.

3. O importante aqui não é *o que* foram essas especulações, mas o fato de que o bloqueio de sua fala "maníaca" permitiu que elas ocorressem.

4. A recomendação de Freud de que se faça "forte reprimenda" (1917, p. 248) a pacientes que deixam a porta aberta ao entrarem no consultório do analista é essencialmente nesse mesmo espírito. O objetivo do que ele recomendou e o que estou sugerindo aqui é o mesmo, qual seja o de "forçar" uma descarga comportamental de volta ao domínio do pensamento e da conversação.

5. Tal descarga instintual por via da fala deve ser distinguida da "afetualização" (Bibring, Dwyer, Huntington & Valenstein, 1961), o qual denota uma tendência caracterológica de enfatizar demais os aspectos emocionais de um tema, de forma a evitar um aspecto de compreensão racional e mais profundo. Esse tipo de utilização habitual da "emocionalidade

como defesa" (Siegman, 1954) é mais difusa do que a descarga instintual específica por via da fala.

6. Não estão incluídas nessas indicações, situações onde a "recusa a escutar" ocorre como parte da interrupção completa do analista de uma sessão. Esta última pode tornar-se necessária se o analista sentir-se fisicamente muito doente durante a sessão ou se é descoberto que a paciente (por exemplo, uma mãe solteira) deixou um filho pequeno sem cuidados em casa para vir à sua análise.

7. Dentre os aspectos do empreendimento psicanalítico, o divã é igualmente vulnerável à idealização, dando origem à crença de que nenhum trabalho psicanalítico possa ser feito a não ser que o paciente esteja deitado.

7. Escuta em situações não clínicas

"Pois assim que alguém deliberadamente concentra bastante a atenção, começa a selecionar o material que lhe é apresentado; um ponto fixar-se-á em sua mente com clareza particular e algum outro será, correspondentemente, negligenciado"
Sigmund Freud (1912e, p. 112)

Como o estetoscópio de um cardiologista ou o bisturi de um cirurgião, a escuta psicanalítica é nosso principal aliado e instrumento. Nós a utilizamos, dependemos dela e buscamos afiá-la a todo tempo. Entretanto, o respeito que concedemos a ela deve ir mais longe; deve envolver medidas para proteger a inviolabilidade dessa importante função. Uma medida para salvaguardar a astúcia funcional e a integridade moral da escuta psicanalítica origina-se, paradoxalmente, em limitar a sua utilização. Embora essa afirmação possa parecer curiosa, mais estranho é o fato de que livros de psicanálise (Moore & Fine, 1995; Nersessian & Kopf, 1996; Person, Cooper & Gabbard, 2005) e monografias sobre a técnica psicanalítica (Etchegoyen, 1999; Fenichel, 1941; Greenson, 1967; Volkan, 2010) não fazem qualquer menção aos limites e fronteiras da escuta analítica. Isso pode decorrer do fato de sua ênfase se dar exclusivamente no encontro clínico e não nas funções de escuta, pensamento e fala do analista em situações não clínicas. Estas últimas permanecem não abordadas e é tido como certo que o psicanalista saberia quando utilizar sua mente analítica e quando deixá-la de lado. Entretanto, muitos analistas continuam a escutar e falar de maneira analítica fora da situação clínica. Eles até mesmo se orgulham de ser um analista "o tempo todo".

Tenho reservas acerca de tal comportamento. A escuta analítica, em minha opinião, começa a perder suas vantagens e utilidade quanto mais é carregada para fora do contexto clínico; a única exceção para isso é a autoanálise do analista que, de qualquer forma, continua ocorrendo além das horas de trabalho (ver Sonnenberg, 1995, especialmente sobre esse assunto). De fato, neste capítulo, proponho – e discuto em algum grau – três situações onde um analista deve (i) limitar o escopo da escuta analítica, (ii) moderar o uso da escuta analítica, e (iii) pôr a escuta analítica à parte em absoluto. A conduta do analista durante a supervisão de candidatos,[1] sua atenção ao discurso em meios de comunicação e, sua receptividade a conversações rotineiras em casa constituem essas três situações, respectivamente.

Supervisão analítica

Ao supervisionar o tratamento analítico de casos "controle" de candidatos em treinamento, o psicanalista assume dois papéis. Primeiro, ele funciona como um professor e compartilha os conhecimentos do ofício, as habilidades componentes e a teoria da técnica psicanalítica. Em segundo lugar, ele funciona como um psicanalista e escuta o material apresentado a ele de maneira psicanalítica. Haesler (1993) descreveu nitidamente esses dois papéis e, de forma mais importante, o foco tripartido de atenção do psicanalista. Esse último consiste da escuta psicanalítica a (i) dinâmica consciente, pré-consciente e inconsciente do paciente do candidato e como ele ou ela relaciona-se com o candidato, (ii) os processos dinâmicos ocorrentes dentro da díade clínica, e (iii) as "formas de responder tanto ao material do paciente e o que ele está escutando do, e experimentando com, o supervisor" (p. 550) do candidato. Haesler enfatiza que discernir e apontar os pontos cegos no relacionamento do candidato com o material clínico em questão é uma tarefa crucial do supervisor e que ele só pode reconhecer esse escotoma ao escutar analiticamente a apresentação do candidato.

O fato de o supervisor abordar essas dificuldades contratransferenciais por parte do candidato, entretanto, não significa que ele deva se envolver na análise dos conflitos pessoais do mesmo. Qualquer tentação a fazê-lo deve ser evitada e o foco da escuta analítica deve ser limitado ao relacionamento do candidato com o paciente, o material do paciente e o processo de supervisão. Os seus pontos cegos (por exemplo, uma incapacidade consistente de dar seguimento à fala do paciente de que ele visita "clubes de cavalheiros", mudar o tópico invariavelmente quando se trata de questões raciais) devem ser visto como respostas emocionais ao processo clínico e não ser relacionadas aos objetos internos, fantasias particulares e experiências infantis do candidato.

Portanto, se um candidato tende a ser bastante hesitante, por exemplo, em falar sobre um assunto dinâmico específico do tratamento de seu paciente devido a uma resposta contratransferencial, essa hesitação não deve ser

> *refletida e manejada dentro da situação de supervisão, como um traço neurótico ou de personalidade específico do candidato, mas sim como uma resposta específica ao paciente ou um fenômeno de ressonância dentro do candidato e a interação dinâmica específica entre ele e o paciente. Apenas pela tentativa de esclarecer quaisquer atividades relacionais estritamente desse ponto de vista é que será, eventualmente, possível diferenciar e clarificar, juntamente com o candidato, qualquer influência não resultante do processo, mas da personalidade do candidato. Essa diferenciação e clarificação pode então, eventualmente, conduzir à compreensão mútua de que há algo na relação com o supervisor que deve ser mais bem trabalhado não na supervisão, mas na análise pessoal do candidato (Ibid, p. 551, destaque adicionado).*

Com toda justiça, entretanto, deve-se observar que a posição de Haesler reflete um polo da contínua controvérsia acerca da desejabilidade de uma sobreposição entre a supervisão analítica e a análise pessoal do candidato. Haesler busca restringir essa sobreposição. Outros pensam de forma diferente. Grotjahn (1955), por exemplo, defendeu a interpretação ativa, pelo supervisor, da contratransferência do candidato, com base na interação candidato-paciente e no relacionamento candidato-supervisor. Essa proposta encontrou suporte no conceito de um "processo paralelo" existente entre as situações analítica e de supervisão (Hora, 1957; Searles, 1955), na qual o candidato é visto como encenando novamente, na situação de supervisão, aspectos dissociados da experiência clínica. Fleming e Benedek (1966), também, viram a supervisão analítica como uma oportunidade para a análise da contratransferência do candidato com o seu paciente.

Em contraste, Arlow (1963) enfatizou que "seria errôneo concluir que a principal função do supervisor é a de considerar a contratransferência do terapeuta e manejá-la durante a supervisão de uma forma analítica" (p. 582). Levenson (1982) deu um passo à frente e declarou que tal estilo "metaterapêutico" de supervisão pode se tornar extremamente desconfortável para o candidato, especialmente quando colocado nas mãos de um supervisor sádico. Rilton (1988) também afirmou que "O supervisor não pode e não deve tentar interpretar os problemas pessoais e conflitos do candidato" (p. 113). De fato, há analistas (por exemplo, Levy, 1995) que firmemente abstêm-se de interpretar dificuldades contratransferenciais e de apontar os chamados fenômenos do "processo paralelo".

Em uma discussão lúcida e completa de tais divergências, Pegeron (1996) reconheceu que "as dificuldades contratransferenciais do candidato não podem ser resolvidas em supervisão. Entretanto, a supervisão pode ser um estímulo eficiente para autoanálise e trabalho continuado na própria análise pessoal" (p. 700). Em relação ao candidato, ele afirma que

problemas de aprendizagem são baseados em conflito e resistência, [e] conflito e resistência ocorrem tanto com supervisionando como com o supervisor e requerem envolvimento dinâmico ativo para que sejam efetivamente abordados. Isso coloca o processo de elaboração em andamento, necessário para facilitar a aprendizagem e o desenvolvimento da sua identidade analítica... Essa abordagem da supervisão, embora ciente de suas limitações – isto é, de que não é tratamento, mas uma forma de desenvolver o self analítico do candidato – oferece uma experiência diferente, porém mais "analítica".

Por "experiência analítica", refiro-me a uma experiência que facilita a análise, que permite que o candidato compreenda as características de sua própria análise de forma mais concreta (Ibid., pp. 698-700).

O que fica claro a partir dessa breve revisão da literatura sobre supervisão analítica é que: (i) o supervisor *realmente* escuta como um analista durante as horas de supervisão, (ii) essa escuta produz dados importantes sobre o ego de trabalho analítico do candidato, além de, obviamente, sobre o processo analítico entre ele e o paciente, (iii) embora escutar analiticamente possa originar especulações acerca da personalidade do candidato, o supervisor percebe que ele ou ela carece de dados corroborativos, não tem consentimento do candidato para comentar sobre a sua personalidade e que ele não é analista do candidato, e (iv) embora ele possa (e deva) apontar os pontos cegos e as resistências contratransferenciais do candidato, suas observações "interpretativas" são melhor limitadas ao impacto dessas dificuldades sobre o processo de tratamento e supervisão; para uma compreensão mais profunda das dificuldades do candidato, o supervisor encoraja-o a levar o que foi abordado por eles para sua análise pessoal. Em suma, portanto, há certa redução da amplitude da escuta analítica do supervisor juntamente com uma comparável restrição da sua atividade interpretativa. O comentário de Solnit (1970) de que "A supervisão é mais do que ensino e menos do que tratamento" (p. 360) talvez diga tudo.

Discurso público

Uma segunda situação que afeta a utilização habitual da escuta analítica pelo analista envolve o seu encontro com o discurso público. Parapraxias, lapsos de memória, erros grosseiros de pronúncia, pausas estranhas e um *"escorregar dos signficados"* inteligentes

(Horowitz, 1975) durante coquetéis, discursos políticos, noticiários ou entrevistas com celebridades atraem a audição do psicanalista, implorando a ele que os dê sua atenção clínica costumeira. Essa tentação deve ser repelida apesar do prazer narcísico que ela promete fornecer. O seguinte incidente demonstra esse argumento.

Na manhã de 10 de novembro de 2011, um repórter do *The Philadelphia Inquirer*, o jornal local de maior impacto, me telefonou. Ele queria minha opinião sobre a gafe cometida pelo governador do Texas, Rick Perry, durante o debate dos principais candidatos Republicanos na noite anterior. Eu havia assistido ao debate na televisão e sabia ao que se referia o repórter. Perry, enquanto declarava entusiasticamente seus planos para reduzir o tamanho do governo federal – caso ele fosse eleito presidente – cometeu uma parapraxia chocante. Aqui estão as suas palavras:

> *"Deixe-me dizer, há três agências governamentais que serão eliminadas quando eu chegar lá", Perry disse. "Comércio, educação e a, hã, hã, qual é a terceira... comércio, educação e a, hã, EPA?" Quando questionado por Scott Pelley, o moderador, se ele poderia nomear a terceira agência do governo, Perry respondeu "a terceira agência governamental, eu eliminaria: educação, comércio e vejamos... a terceira, eu não sei. Opa. (thedailybeast.com/2011/articles).*

O repórter do jornal me perguntou o que eu concluíra acerca do esquecimento de Perry do nome da terceira agência que ele eliminaria enquanto presidente. Em outras palavras, como eu escutei a esse fato como um psicanalista? Bem, este era um momento significativo. Ele mobilizou-me sentimentos mistos. Por um lado, eu estava impressionado com o interesse do repórter em buscar a opinião de um psicanalista; isto demonstrava seu respeito pelas complexidades da mente humana. Por outro lado, poderia eu, com toda honestidade, oferecer uma opinião genuinamente psicanalítica sobre esse assunto? Eu estava assistindo ao debate republicano como um psicanalista ou meramente como um cidadão interessado em política?

Permita-me colocar esses meandros internos à parte e contar-lhe o que eu disse ao repórter. Em essência, eu lhe disse que eu não conhecia o Governador Perry e absolutamente não o conhecia como pessoa. Eu não conhecia seus pais, seus professores primários e outras figuras importantes de seus anos de formação. Eu também não conhecia sua esposa e filhos. Em outras palavras, eu não tinha familiaridade alguma com o mundo de seus objetos internos e, portanto, não diria nada que pudesse *especificamente* aplicar-se ao governador e seu esquecimento. Contudo, eu faria uma observação geral acerca desses curiosos momentos de amnesia, o que incluiria variáveis de uma agenda demasiadamente lotada, fadiga física, envelhecimento cerebral e, talvez, certa autopunição por culpa; afinal, ao concluir a nomeação dos dois Departamentos de Comércio e Educação, ele havia, na verdade, deixado centenas de pessoas sem seus empregos. E, o tormento de culpa resultante, talvez, possa tê-lo feito esquecer o terceiro departamento.

Bem, tudo soou fino e elegante. Entretanto, conforme continuei a refletir posteriormente, outras possibilidades vieram-me à mente. Poderia o governador ter um amigo ou parente no departamento do qual esqueceu? Afinal, quem quer tirar o emprego de alguém querido? Poderia ser que alguém desse departamento tenha algum dia feito um grande favor ao governador e, portanto, fechar esse departamento para sempre refletiria absoluta ingratidão (além de causar remorso)? E, assim por diante.

O ponto onde quero chegar é o seguinte: é impossível deduzir corretamente o significado do lapso de memória do Governador Perry sem conhecer mais a respeito dele como pessoa e sobre seu "relacionamento" com o departamento cujo nome ele esqueceu. Seria simplesmente impossível saber o que a parapraxia significou. Sem dúvida, nós psicanalistas ficamos tentados a estender demais o alcance da nossa escuta psicanalítica (e as conclusões obtidas a partir desta) para incluir fragmentos de conversas públicas. Um ato falho cometido por alguém em um coquetel, um convidado de um jantar que chama o anfitrião pelo nome de outrem e um político que comete uma gafe estrondosa (por exemplo, a declaração de Mitt Romney de que ele era casado com "a mesma mulher por vinte e cinco – opa, quarenta e dois – anos," no mesmo debate republicano) prontamente atiçam nossos ouvidos analíticos, mas devemos nos conter. A ambição analítica mobilizada por este bocado tentador de atividade inconsciente deve ser controlada. Devemos lembrarmo-nos que carecemos de dados – história de desenvolvimento, associações, conflitos psicodinâmicos ativos atuais, sonhos, transferências etc. – para escutar de forma verdadeiramente analítica a esse material.[2] A tentação de tornarmo-nos oráculos oniscientes deve ver renunciada em tais momentos.

Vida doméstica

Havendo considerado as restrições à escuta analítica durante a supervisão e a necessidade de hesitar antes de aplicar a escuta analítica ao discurso público, podemos prosseguir para uma situação que requer que um psicanalista coloque a escuta analítica completamente à parte. Esta envolve a vida doméstica do analista. Permita-me ilustrar meu argumento apresentando duas cenas imaginárias (mas plausíveis) a você.

Cena um: O analista está esperando pelo seu primeiro paciente do dia. O paciente, um médico júnior em um hospital próximo, chega pontualmente, apressado e ofegante. Deitado no divã, ele recupera seu fôlego e começa a falar. Essas são suas palavras:

> "A manhã foi horrível. Após me arrumar para o dia, eu desci as escadas... entrei na cozinha. Eu queria beber um suco de laranja. Então, abri a porta da geladeira... Eu juro por Deus que queria que eu não tivesse aberto. Algo na geladeira cheirava tão mal que eu passei mal. Na verdade, eu quase vomitei. Eu não sei se o leite que eu comprei há alguns dias estava estragado, ou se tinha algo errado com a geladeira. O fedor era terrível, vou lhe contar."

O analista escuta seu paciente e sente sua angústia, ele quase consegue experimentar, ele próprio, o horrível cheiro e a resposta seguinte de ânsia de vômito. Ele sente-se mal pelo seu paciente. Gradativamente, entretanto, sua *revêrie* propaga-se para a periferia obscura do que ele acabar de ouvir. Ele se pergunta sobre o que o paciente estava falando sob o disfarce desse cenário de "leite podre-geladeira estragada"? O paciente quer simpatia? Ele está pedindo que o analista lhe dê algo para beber? Poderia ser esse um disfarce para um desejo mais profundo de ser amamentado? Há uma fantasia de felação oculta em algum lugar aqui? Ou, poderia o relato do paciente conter uma recordação turva de um abcesso no seio materno durante sua infância? Conforme tais possibilidades começam a popular a mente do analista, fica claro que ele – sem dar-se conta – havia colocado sua escuta "comum" à parte. Ele certamente *não* está pensando sobre o conserto do refrigerador, dinheiro, garantias, e assim por diante.

Cena dois: O analista chega a seu consultório e encontra uma mensagem em sua secretária eletrônica de que seu primeiro paciente do dia cancelou a consulta. Frente a um inesperado tempo livre, o analista vai para o computador e começa a verificar seus *e-mails*. O telefone toca. É a sua esposa. Essas são as palavras dela:

"*A manhã foi horrível. Após me arrumar para o dia, eu desci as escadas... entrei na cozinha. Eu queria beber um suco de laranja. Então, eu abri a porta da geladeira... Eu juro por Deus que queria que eu não tivesse aberto. Algo na geladeira cheirava tão mal que eu passei mal. Na verdade, eu quase vomitei. Eu não sei se o leite que eu comprei há alguns dias estava estragado, ou se tinha algo errado com a geladeira. O fedor era terrível, vou lhe contar.*"

O analista escuta sua esposa e sente sua angústia, ele quase consegue experimentar, ele próprio, o horrível cheiro e a resposta seguinte de ânsia de vômito. Ele sente-se mal por ela. Em seguida, o pensamento que lhe ocorre: e se a geladeira estiver realmente estragada? Ele tenta lembrar-se de quantos anos realmente tem a geladeira. Ele também pensa sobre as conexões elétricas e disjuntores na sua casa, que possam ter causado o problema. Ele procura desesperadamente em sua mente saber se a geladeira ainda está na garantia. Caso não esteja, quanto custará o conserto? Ou, eles teriam que comprar uma nova? Conforme tais possibilidades começam a popular a mente do analista, fica claro que ele – sem dar-se conta – havia colocado sua escuta "analítica" à parte. Ele certamente *não* está pensando sobre amamentação, fantasias de felação, abcesso no seio materno, e assim por diante.

A justaposição desses cenários reconhecidamente sintéticos objetiva destacar o fato de que *não escutar* de maneira analítica é tão importante na vida doméstica quanto é a escuta analítica durante seu trabalho clínico. E, consequentemente, uma mensagem relacionada é de que escutar analiticamente a seus familiares pode ser tão desastroso quanto não escutar analiticamente seus pacientes. Tendo em vista que eu já abordei esse último ponto em algum grau (ver Capítulo 5), direi algumas coisas acerca do primeiro, isto é, o problema imposto por escutar analiticamente ao cônjuge, filhos, irmãos etc. Fazê-lo parece errado por quatro razões:

- Nós não temos o *consentimento* deles para que os escutemos de maneira analítica.

- Nós não temos *dados* adequados sobre o que eles estão realmente pensando, sentindo e percebendo em um dado momento. Nós não sabemos o que eles sonharam na noite anterior à nossa conversa. Não podemos pedir a eles que associem livremente. Nós ouvimos apenas o que eles nos contam de uma forma conscientemente criada e socialmente censurada.

- Nós não temos um *objetivo* em escutar psicanaliticamente nossos familiares; não estamos "tratando" eles e as nossas observações "analíticas" muito provavelmente não os "curem". Podemos ser amorosos, empáticos e úteis sem sermos seus terapeutas.

- Nós raramente seguimos a *ética* clinica se insistirmos em escutar analiticamente sem consentimento, dados adequados e objetivo terapêutico.

Sob essa perspectiva, é improvável que seja surpreendente o fato que os familiares ressentem-se em serem tratados como pacientes analíticos. Apesar da minha experiência modesta e limitada a apenas dois casos (os quais, por questões de confidencialidade, não posso descrever em detalhes), estou convencido de que os receptores de tal "análise doméstica" sentem-se invariavelmente incompreendidos e invadidos. Isso ocorre especialmente porque os aspectos supostamente ocultos revelados pelo sábio cônjuge/pai analista são quase sempre negativos ("Querido, você está utilizando muita projeção aqui", "Eu me pergunto se você consegue ver a agressão oculta em seu comentário", "Você parece terrivelmente regressivo e infantil", e assim por diante). O suposto "paciente" tem suas fraquezas e defeitos de personalidade revelados, nunca os seus pontos fortes e qualidades latentes. O fato de que, aqui, o sadismo colocou uma máscara de psicanálise não necessita ser mencionado.

Ao comentar sobre a tendência do terapeuta de tratar seus próprios filhos como analisandos, Maeder observa que:

> O uso de conceitos e técnicas terapêuticos pode se tornar habitual e excessivo e, ao invés de aprimorar a habilidade de atuação como um pai responsável e amoroso pode passar a substituí-la e, não somente quando há situações problemáticas, mas todo o tempo. Os pais podem viver conforme as regras e negligenciar aquelas respostas emocionais espontâneas que, embora por vezes danosas, são também a base das relações pais e filhos. Intervenções quase-terapêuticas podem ser intencionais ou podem ser reminiscências reflexivas de uma vida no consultório que não tenha sido completamente abandonada ao final do dia (1989, p. 121).

Maeder prossegue ilustrando os efeitos absurdos, se não nocivos, do ato de carregar o comportamento analítico para o relacionamento com os filhos, oferecendo a seguinte vinheta.

> *Martin Deutsch recorda-se de sua irritação quando ele tinha aproximadamente seis anos de idade e pintou o retrato de um soldado. O soldado, naturalmente na época, estava usando uma espada ao seu lado, e sua mãe, a analista Helene Deutsch, prontamente insistiu que era um pênis. Não, ele disse, era uma espada. "Ela insistiu que era um pênis – esse tipo de coisa acontecia o tempo todo – e depois de um tempo, eu desisti. Obviamente, eu deveria absorver esse conceito analítico, de que quando algo fica pendurado em algum lugar, deve-se dizer que é um pênis. Agora eu sei que, de alguma forma, isso é verdadeiro, mas por que você tem que dizer isso a uma criança? O que isso realmente tinha a ver comigo e com o meu desenho?" (Ibid., p. 137)*

O que deve ser compreendido aqui é que há dois riscos no fato de um analista-pai (ou cônjuge) fazer uma "interpretação" desse tipo.[3] O primeiro envolve o risco de a conjectura ser completamente incorreta, uma possibilidade não tão improvável dado o fato de que geralmente se tem poucos dados corroborativos em tais circunstâncias. O segundo risco é o de que a interpretação esteja correta. Isso é ainda mais traumatizante, pois revelar abruptamente algo inconsciente ou velado a alguém não leva em consideração a necessidade do sujeito de permanecer inconsciente desse aspecto.[4] Feldman enfatizou esse argumento em um trabalho sobre a abordagem de representações de *self* repudiadas na situação clínica.

> *Se o paciente necessitou cindir e projetar partes inaceitáveis do self, um analista tem que considerar se é útil, ou não, descrever para o paciente a situação de que este clivou e projetou partes inaceitáveis de seu próprio self.*

A desvantagem dessa situação é que uma interpretação
que se refira a diferentes partes da personalidade pode
fazer sentido intelectualmente, mas pode, na verdade,
reforçar a estrutura defensiva do paciente (2007, p. 371).

O grau de dano causado por tais intervenções imprudentes é multiplicado em muitas vezes no contexto das relações familiares. Um comentário como "Querido, você não vê a grandiosidade por trás do fato de você dar esse presente aos nossos filhos?" pode ser experimentado como um picador de gelo dirigido contra o seio da generosidade. É, portanto, melhor evitar escutar e falar de formas analíticas em casa. Ao fazê-lo, o indivíduo está geralmente incorreto, é frequentemente nocivo e é sempre antiético.

Isso se aplica a situações onde apenas um membro da família é psicanalista. O que acontece quando dois ou mais são psicanalistas? Uma situação comum é a de dois analistas casados entre si. As ideias que descrevi também se aplicam a eles? Eu acredito que sim. Todavia, uma brincadeira eventual utilizando jargão analítico entre eles pode ser inevitável. Mesmo nesse caso, um "modo de faz-de-conta" (Target & Fonagy, 1996)[5] deve ser mantido e o diálogo deve evitar ataques à personalidade um do outro. Amor e respeito mútuo dentro do casal auxiliam a prevenir tal descarrilamento. Se a hostilidade prevalece no relacionamento, "interpretações" analíticas do comportamento um do outro podem facilmente camuflar intenções destrutivas.

Observações finais

Neste último capítulo do meu livro sobre a escuta analítica, tentei demonstrar as restrições que devemos colocar a essa valiosa habilidade que temos. Assim como não dirigiríamos um *Rolls-Royce* em um campo enlameado ou vestiríamos um *smoking* em um churrasco de jardim, não devemos estender demasiadamente e aplicar incorretamente a escuta psicanalítica a todo tipo de coisa que ouvimos. Em supervisão, devemos restringir nossa escuta analítica para o controle do material do paciente e o relacionamento paciente-candidato, eliminando especulações sobre o objeto interno do candidato e sua personalidade em geral. Em discurso público, devemos mitigar o risco de nos tornarmos um "analista selvagem" e lembrarmo-nos que não é uma situação apropriada e que carecemos de informações de suporte. Na vida doméstica, devemos tentar colocar a escuta analítica à parte o máximo possível e não deixar que o jargão técnico impeça o vernáculo da conversação humana "comum".

Tais restrições na utilização das nossas mentes analíticas deixam-na, paradoxalmente, mais afiada. Lembre-se, um cirurgião não utilizaria seu bisturi para podar arbustos em seu jardim e tampouco um cardiologista utilizaria seu estetoscópio para ouvir músicas em um aparelho de CDs. Tudo tem seu lugar e seu tempo e a escuta psicanalítica não é uma exceção a essa regra.

Notas

1. Tendo em vista que este capítulo é intitulado "Escuta em situações não clínicas", parece apropriado reconhecer que a supervisão de casos controle não é inteiramente um empreendimento "não clínico".

2. Na verdade, esse cuidado deveria estender-se a quase todas as circunstâncias na "psicanálise aplicada".

3. O reconhecido psicanalista Ira Brenner pensa que a exposição constante da criança à terminologia psicanalítica enquanto é criado por pais analistas pode comprometer sua futura analisabilidade (comunicação pessoal, 19 de fevereiro de 2012).

4. Eu mesmo fui consideravelmente traumatizado por alguém que me entrevistou enquanto eu me candidatava a treinamento psicanalítico; essa

pessoa apontou abruptamente certos aspectos da minha personalidade que estavam completamente fora da minha consciência naquele momento e causou-me muito sofrimento.

5. Expressão utilizada por Target e Fonagy para referir-se à característica operacional da psique da jovem criança, que possui as seguintes características: (1) conhecimento de que a experiência interna pode não refletir os fatos e eventos da realidade externa; (2) separação das realidades interna e externa com a concomitante assunção de que um estado interno não tem impacto sobre a realidade externa; e (3) incorporação seletiva de aspectos da realidade externa na experiência interna em desdobramento. O "modo de faz-de-conta" de funcionamento mental é mais claramente evidente quando a criança está brincando; ela pode criar facilmente uma crença útil para sua brincadeira embora saiba que, na realidade, esta é falsa. De acordo com Target e Fonagy, o "modo de faz-de-conta" de funcionamento fornece acesso a processos e conhecimento que não seriam conscientemente disponíveis de outras formas... portanto, brincar ou fazer de conta algumas vezes revela habilidades surpreendentes, embora, por outras vezes, ofereça oportunidades para regressão e expressão de clamores inconscientes (pp. 465-466).

Referências

Abbasi, A. (2008). Who's side are you on?: Muslim analysts analyzing non-Muslim patients. In S. Akhtar (Eds.), *The Crescent and the Couch: Cross Currents between Islam and Psychoanalysis* (pp. 335-350). New York: Other Press.

Abraham, K. (1924). The influence of oral eroticism on character formation. In *Selected Papers of Karl Abraham, M. D.* (pp. 393-406). New York: Brunner/Mazel.

Abrams, D. M. (1991). Looking at and looking away: Etiology of preoedipal splitting in a deaf girl. *Psychoanalytic Study of the Child, 46,* 277-304.

Akhtar, S. (1992). Tethers, orbits, and invisible fences: clinical, developmental, sociocultural, and technical aspects of optimal distance. In S. Kramer S. Akhtar (Eds.), *When the Body Speaks: Psychological Meanings in Kinetic Clues* (pp. 21-57). Northvale, NJ: Jason Aronson.

Akhtar, S. (1993). Review of Being a Character: Psychoanalysis and Self Experience by Christopher Bollas. *Psychoanalytic Books*, 4, 519-530.

Akhtar, S. (1996). "Someday... " and "if only... " fantasies: pathological optimism and inordinate nostalgia as related forms of idealization. *Journal of American Psychoanalytic Association*, 44, 723-753.

Akhtar, S. (1999). *Immigration and Identity: Turmoil, Treatment, and Transformation*. Northvale, NJ: Jason Aronson.

Akhtar, S. (2000). From schisms through synthesis to informed oscillation: An attempt at integrating some diverse aspects of psychoanalytic technique. *Psychoanalytic Quarterly*, 69, 265-288.

Akhtar, S. (2006). Technical challenges faced by the immigration analyst. *Psychoanalytic Quarterly*, 75, 21-43.

Akhtar, S. (Ed.) (2007). *Listening to Others: Developmental and Clinical Aspects of Empathy and Attunement*. Lanham, MD: Jason Aronson.

Akhtar, S. (2009). *Comprehensive Dictionary of Psychoanalysis*. London: Karnac.

Akhtar, S. (2011a). *Immigration and Acculturation: Mourning, Adaptation, and the Next Generation*. Lanham, MD: Jason Aronson.

Akhtar, S. (2011b). Refusing to listen to certain kinds of material. In S. Akhtar (Ed.), *Unusual Interventions: Alterations of Frame, Method, and Relationship in Psychotherapy and Psychoanalysis* (pp. 83-98). London: Karnac.

Akhtar, S., & Buckman, J. (1977). Differential diagnosis of mutism: A review and a report of three unusual cases. *Diseases of the Nervous System*, 38, 558-563.

Akhtar, S., & Parens, H. (2001). *Does God Help?: Development and Clinical Aspects of Religious Belief.* Northvale, NJ: Jason Aronson.

Amati-Mehler, J., & Argentieri, S. (1989). Hope and hopelessness: A technical problem? *International Journal of Psychoanalysis, 70,* 295-304.

Amati-Mehler, J., Argentieri, S., & Canestri, J. (1993). *The Babel of the Unconscious: Mother Tongue and Foreign Languages in the Psychoanalytic Dimension.* (J. Whitelaw-Cucco, trad.). Madison, CT: International Universities Press.

Anthi, P. R. (1983). Reconstruction of preverbal experiences. *Journal of the American Psychoanalytic Association, 31,* 33-58.

Arlow, J. A. (1961). Silence and the theory of technique. *Journal of the American Psychoanalytic Association, 9,* 44-55.

Arlow, J. A. (1963). The supervisory situation. *Journal of the American Psychoanalytic Association, 11,* 576-594.

Arlow, J. A. (1995). Stilted listening: Psychoanalysis as discourse. *Psychoanalytic Quarterly, 64,* 215-233.

Aron, L. (1991). The patient's experience of the analyst's subjectivity. *Psychoanalytic Dialogues, 1,* 29-51.

Atwood, B. (2007). The Australian patient: traumatic pasts and the work of history. In M. T. S. Hooke & S. Akhtar (Eds.), *The Geography of Meanings: Psychoanalytic Perspectives on Place, Space, Land, and Dislocation* (pp. 63-78). London: International Psychoanalytical Association.

Aulagnier, P. (1979). *Destinies of Pleasure.* Paris: Presses Universitaires de France.

Aulagnier, P. (2001). *The Violence of Interpretation: From Pictogram to Statement.* London: Brunner/Routledge.

252 REFERÊNCIAS

Bach, S. (1977). On the narcissistic state of consciousness. *International Journal of Psychoanalysis*, 58, 209-233.

Bacon, R. (2000). Theory and therapeutics: Stress in the analytic identity. *Free Associations*, 8, 1-20.

Balint, M. (1968). *The Basic Fault: Therapeutic Aspects of Regression.* London: Tavistock.

Baranger, M. (2009). The mind of the analyst: from listening to interpretation. In M. Baranger & W. Baranger (Eds.), *The Work of Confluence* (pp. 89-106). London: Karnac.

Baranger, M., & Baranger, W. (Eds.) (2009). *The Work of Confluence.* London: Karnac.

Benjamin, J. (1995). Recognition and destruction: An outline of intersubjectivity. In *Like Subjects, Love Objects.* New Haven, CT: Yale University Press.

Benjamin, J. (2004). Beyond doer and done-to: An intersubjective view of thirdness. *Psychoanalytic Quarterly*, 73, 5-46.

Benjamin, J. (2007). Listening together: Intersubjective aspects of the analytic process of losing and restoring recognition. In S. Akhtar (Ed.), *Listening to Others: Developmental and Clinical Aspects of Empathy and Attunement* (pp. 53-76). Lanham, MD: Jason Aronson.

Bernstein, I., & Glenn, J. (1978). The child analyst's emotional reactions to his parents. In J. Glenn (Ed.), *Child Analysis and Therapy* (pp. 375-392). New York: Jason Aronson.

Bibring, G. L., Dwyer, T. F., Huntington, D. S., & Valenstein, A. F. (1961). A study of the psychological processes in pregnancy and of the earliest mother-child relationship. *Psychoanalytic Study of the Child*, 16, 9-72. New York: International Universities Press.

Bion, W. (1958). On arrogance. *International Journal of Psychoanalysis*, 39, 144-146.

Bion, W. (1962a). *Learning from Experience*. London: Karnac, 1984.

Bion, W. (1962b). A theory of thinking. *International Journal of Psychoanalysis*, 43, 306-310.

Bion, W. (1965). *Transformations*. London: Karnac, 1984.

Bion, W. (1967). Notes on memory and desire. *The Psychoanalytic Forum*, 2, 272-273.

Bion, W. (1970). *Attention and Interpretation*. London: Karnac, 1984.

Blos, P. (1972). Silence: a clinical exploration. *Psychoanalytic Quarterly*, 41, 348-363.

Blum, H. (1987). Countertransference: Concepts and controversies. In E. Slakter (Ed.), *Countertransference* (pp. 87-104). Northvale, NJ: Jason Aronson.

Blumenthal, R. (2006). Hotel log hints at illicit desire that Dr. Freud did not repress. *The New York Times*, p. A-1, December 24.

Boesky, D. (1989). *Enactments, acting out, and considerations of reality*. Paper presented at the Panel on Enactments, Fall Meeting of the American Psychoanalytic Association, December.

Boesky, D. (1990). The psychoanalytic process and its components. *Psychoanalytic Quarterly*, 59, 550-584.

Bollas, C. (1992). *Being a Character: Psychoanalysis and Self Experience*. New York: Hill & Wang.

Bos, J., & Groenendijk, L. (2006). The *Self-Marginalization of Wilhelm Stekel: Freudian Circles Inside and Out*. New York: Springer.

Bosteels, B. (2012). *Marx and Freud in Latin America: Politics, Psychoanalysis, and Religion in Times of Terror*. London: Verso.

Boyer, B. (1979). Countertranference with severely regressed patients. In L. Epstein & A. H. Feiner (Eds.), *Countertransference* (pp. 347-374). New York: Jason Aronson.

Boyer, B. (1980). *Psychoanalytic Treatment of Schizophrenic, Borderline, and Characterological Disorders*. New York: Jason Aronson.

Brakel, L. (1993). Shall drawing become part of free association? *Journal of the American Psychoanalytic Association*, 41, 359-394.

Brenner, C. (1976). *Psychoanalytic Technique and Psychic Conflict*. New York: International Universities Press.

Brenner, C. (2000). Evenly hovering attention. *Psychoanalytic Quarterly*, 69, 545-549.

Breuer, J., & Freud, S. (1895d). *Studies on hysteria*. S. E. 2, 1-17.

Brockbank, R. (1970). On the analyst's silence in psychoanalysis. *International Journal of Psychoanalysis*, 51, 457-464.

Burlingham, D. (1967). Empathy between infant and mother. *Journal of the American Psychoanalytic Association*, 15, 764-780.

Busch, F. (1997). Understanding the patient's use of the method of free association: An ego psychological approach. *Journal of the American Psychoanalytic Association*, 45, 407-423.

Busch, F. (2004). *Ego at the Center of Technique*. Northvale, NJ: Jason Aronson.

Casement, P. (1991). *Learning from the Patient*. New York: Guilford Press.

Cocks, G. (1994). *The Course of Life*. Chicago: University of Chicago Press.

Coen, S. (2002). *Affect Intolerance in Patient and the Analyst*. Northvale, NJ: Jason Aronson.

Coltart, N. (1993). *Slouching Towards Bethlehem*. London: Free Association.

Coltart, N. (1996). Buddhism and psychoanalysis revisited. In *The Baby and the Bathwater* (pp. 125-139). London: Karnac.

Das, L. S. (1997). *Awakening the Buddha Within*. London: Bantom.

Deutsch, F. (1952). Analytic posturology. *Psychoanalytic Quarterly*, *21*: 196-214.

Dunn, J. (1995). Intersubjectivity in psychoanalysis: A critical review. *International Journal of Psychoanalysis*, *76*: 723-738.

Elson, M. (2001). Silence, its use and abuse: A view from self-psychology. *Clinical Social Work*, *29*: 351-360.

Epstein, M. (1995). Thoughts without a thinker – Buddhism and psychoanalysis. *Psychoanalytic Review*, *92*: 291-406.

Erikson, E. (1958). *Young Man Luther*. New York: W. W. Norton.

Escoll, P. (1999). The "silent" parent and the unprotected, scapegoated child. In M. R. F. Brescia & M. Lemlij (Eds.), *At the Threshold of the Millennium*, Volume 2 (pp. 125-141). Lima, Peru: Sidea/Prom Peru.

Etchegoyen, R. H. (1991). *The Fundamentals of Psychoanalytic Technique*. London, UK: Karnac, 1999.

Feldman, M. (2007). Addressing parts of the self. *International Journal of Psychoanalysis*, *88*: 371-386.

Fenichel, O. (1941). *Problems of Psychoanalytic Technique*. Albany, NY: Psychoanalytic Quarterly Press.

Fenichel, O. (1945). *The Psychoanalytic Theory of Neurosis*. New York: W. W. Norton.

Ferenczi, S. (1911). On obscene words. In *Contributions to Psycho--Analysis* (pp. 112-130). London: Hogarth, 1948.

Ferenczi, S. (1915). Talkativeness. In *Further Contributions to the Theory and Technique of Psychoanalysis* (p. 252). London: Hogarth, 1948.

Ferenczi, S. (1916). Silence is golden. In *Further contributions to the Theory and Technique of Psychoanalysis* (pp. 250-251). London: Hogarth, 1948.

Ferenczi, S. (1929). The unwelcome child and his death instinct. In *Final Contributions to the Problems and Methods of Psycho--Analysis* (pp. 102-107). London: Hogarth, 1948.

Fivush, R. (2001). Owning experience: The development of subjective perspective in autobiographical memory. In P. Miller & E. Scholnick (Eds.), *The Self in Time: Developmental Perspectives* (pp. 85-106). New York: Cambridge University Press.

Fivush, R. (2010). *Speaking silence: The social construction of silence in autobiographical and cultural narratives*. Memory, 18: 88-98.

Fivush, R. & Nelson, K. (2004). Culture and language in the emergence of autobiographical memory. *Psychological Science*, 15: 586-590.

Fleming, J. & Benedek, T. (1966). *Psychoanalytic Supervision*. New York: Grune & Stratton.

Fliess, R. (1942). The metapsychology of the analyst. Psychoanalytic *Quarterly*, 11: 211-227.

Fliess, R. (1949). Silence and verbalization: A supplement to the theory of the "analytic rule". *International Journal of Psychoanalysis*, 30: 21-30.

Fliess, R. (1953). Countertransference and counter-identification. *Journal of the American Psychoanalytic Association, 1*: 268-281.

Fonagy, P. & Target, M. (1997). Attachment and reflective function: Their role in self-organization. *Development and Psychopathology, 9*: 679-700.

Fox, R. (1998). The "unobjectionable" countertransference. *Journal of the American Psychoanalytic Association, 46*: 1067-1087.

Frank, A. (1969). The unrememberable and the unforgettable: Passive primal repression. *Psychoanalytic Study of the Child, 24*: 48-77.

Freud, A. (1936). *The Ego and the Mechanisms of Defense*. New York: International Universities Press.

Freud, S. (1900a). *The Interpretation of Dreams* (Standard Edition, Vol. 4-5: 1-626).

Freud, S. (1905e). *Fragment of an analysis of a case of hysteria* (Standard Edition, Vol. 7: 1-122).

Freud, S. (1909d). *Notes upon a case of obsessional neurosis* (Standard Edition, Vol. 10: 151-318).

Freud, S. (1910d). *The future prospects of psycho-analytic therapy* (Standard Edition, Vol. 11: 139-152).

Freud, S. (1911e). *The handling of dream-interpretation in psycho--analysis* (Standard Edition, Vol. 12: 89-96).

Freud, S. (1912b). *The dynamics of transference* (Standard Edition, Vol. 12: 97-108).

Freud, S. (1912e). *Recommendations to physicians practiding psycho- analysis* (Standard Edition, Vol. 12: 109-120).

Freud, S. (1913c). *On beginning the treatment* (Standard Edition, Vol. 12: 123-144).

Freud, S. (1913i). *The disposition to obsessional neurosis* (Standard Edition, Vol. 12: 311-320).

Freud, S. (1914g). *Remembering, repeating, and working-through* (Standard Edition, Vol. 12: 145-156).

Freud, S. (1915a). *Observations on transference-love* (Standard Edition, Vol. 12: 157-171).

Freud, S. (1917). *General theory of the neuroses* (Standard Edition, Vol. 16: 243-256).

Freud, S. (1917). *Introductory lectures on psycho-analysis, XXIII* (Standard Edition, Vol. 16: 358-377).

Freud, S. (1930a). *Civilization and its discontents* (Standard Edition, Vol. 21: 59-145).

Freud, S. (1931b). *Female sexuality* (Standard Edition, Vol. 21: 221-243).

Freud, S. (1937c). *Analysis terminable and interminable* (Standard Edition, Vol. 23: 211-253).

Freud, S. (1940a). *An outline of psycho-analysis* (Standard Edition, Vol. 23: 139-207).

Fromm-Reichman, F. (1950). *Principles of Intensive Psychotherapy.* Chicago: University of Chicago Press.

Frosh, S. (1999). *The Politics of Psychoanalysis: An Introduction to Freudian and Post-Freudian Theory* (Second edition). New York: New York University Press.

Gammill, J. (1980). Some reflections on analytic listening and the dream screen. *International Journal of Psychoanalysis,* 61: 357-381.

Gedo, J. E. & Goldberg, A. (1973). *Models of the Mind.* Chicago: University of Chicago Press.

Gill, M. (1979). The analysis of the transference. Journal of the American Psychoanalytic Association, 27(Suppl.): 263-288.

Gill, M. (1994). Psychoanalysis in Transition: A Personal View. Hillsdale, NJ: Analytic Press.

Giovacchini, P. (2000). Impact of Narcissism: The Errant Therapist in a Chaotic Quest. Northvale, NJ: Jason Aronson.

Gitelson, M. (1952). The emotional position of the analyst in the psychoanalytic situation. International Journal of Psychoanalysis, 33: 1-10.

Glover, E. (1955). The Technique of Psychoanalysis. New York: International Universities Press.

Goldberg, A. (1987). The place of apology in psychoanalysis and psycho-therapy. International Review of Psycho-Analysis, 14: 409-422.

Gorkin, M. (1996). Countertransference in cross-cultural psychotherapy. In R. Perez-Foster, M. Moskowitz & R. A. Javier (Eds.), Reaching across Boundaries of Culture and Class (pp. 47-70). Northvale, NJ: Jason Aronson.

Gray, P. (1982). Developmental lag in the evolution of technique for psychoanalysis of neurotic conflict. Journal of the American Psychoanalytic Association, 30: 621-655.

Gray, P. (1994). The Ego and the Analysis of Defense. Northvale, NJ: Jason Aronson.

Green, A. (1983). Narcissisme de vie, Narcissisme de mort. Paris: Minuit.

Green, A. (1993). The Work of the Negative. London: Free Association.

Greenson, R. (1960). Empathy and its vicissitudes. International Journal of Psychoanalysis, 41: 418-424.

Greenson, R. (1961). On the silence and sounds of the analytic hour. *Journal of the American Psychoanalytic Association, 9*: 79-84.

Greenson, R. (1965). The working alliance and the transference neurosis. *Psychoanalytic Quarterly, 34*: 155-181.

Greenson, R. (1967). *The Technique and Practice of Psychoanalysis.* New York: International Universities Press.

Grenville, K. (2007). Unsettling the settler: history, culture, race, and the Australian self. In M. T. S. Hooke & S. Akhtar (Eds.), *The Geog-raphy of Meanings: Psychoanalytic Perspectives on Place, Space, Land, and Dislocation* (pp. 49-62). London: International Psychoanalytical Association.

Griefinger, J. (1997). On the horizon of authenticity: Toward a moral account of psychoanalytic therapy. In C. Spezzano & G. J. Gargiulo (Eds.), *Soul on the Couch: Spirituality, Religion, and Morality in Contemporary Psychoanalysis* (pp. 201-230). Hillsdale, NJ: Analytic Press.

Grinberg, L. & Grinberg, R. (1989). *Psychoanalytic Perspectives on Migration and Exile.* New Haven, CT: Yale University Press.

Grotjahn, M. (1955). Problems and techniques of supervision. *Psychiatry, 18*: 9-15.

Guntrip, H. (1969). Schizoid Phenomena, Object Relations and the Self. New York: International Universities Press.

Guntrip, H. (1975). My experience of analysis with Fairbairn and Winnicott. *International Review of Psycho-Analysis, 2*: 145-156.

Haesler, L. (1993). Adequate distance in the relationship between supervisor and supervisee. *International Journal of Psychoanalysis, 74*: 547-555.

Hedges, L. E. (1983). *Listening Perspectives in Psychotherapy.* Northvale, NJ: Jason Aronson.

Heimann, P. (1950). On countertransference. *International Journal of Psychoanalysis*, *31*: 81-84.

Herzog, J. (1984). Fathers and young children: Fathering daughters and fathering sons. In J. D. Call, E. Galenson & R. Tyson (Eds.), *Foundations of Infant Psychiatry*, Vol 2 (pp. 335-343). New York: Basic.

Hinshelwood, R. (1989). *A Dictionary of Kleinian Thought*. Northvale, NJ: Jason Aronson.

Hirsch, I. (1998). The concept of enactment and theoretical convergence. *Psychoanalytic Quarterly*, *67*: 78-100.

Hoffer, W. (1956). Transference and transference neurosis. *International Journal of Psychoanalysis*, *37*: 377-379.

Hoffer, A. (2006). What does the analyst want: Free association in relation to the analyst's activity, ambition, and technical innovation. *American Journal of Psychoanalysis*, *66*: 1-23.

Hoffman, I. Z. (1991). Discussion: towards a social-constructivist view of the psychoanalytic situation. *Psychoanalytic Dialogues*, *1*: 74-105.

Hollander, N. C. (2010). *Uprooted Minds: Surviving the Politics of Terror in the Americas*. New York: Routledge.

Hopkins, L. (2006). *False Self: The Life of Masud Khan*. New York: Other Press.

Hora, T. (1957). Contribution to the phenomenology of the supervisory process. *American Journal of Psychotherapy*, *11*: 769-773.

Horowitz, M. (1975). Sliding meanings: A defense against threat in narcis-sistic personalities. *International Journal of Psychoanalytic Psychotherapy*, *4*: 167-180.

Isaacs, S. (1939). Criteria for interpretation. *International Journal of Psychoanalysis*, *20*: 148-160.

Isakower, O. (1963a). Minutes of New York Psychoanalytic Institute faculty meeting, October 14, unpublished.

Isakower, O. (1963b). *Minutes of New York Psychoanalytic Institute faculty meeting*, November 20, unpublished.

Ivey, G. (2008). Enactment controversies: A critical review of current debates. *International Journal of Psychoanalysis, 88*: 19-38.

Jacobs, M. (2011). Interpreting in the form of action. In S. Akhtar (Ed.), *Unusual Interventions: Alterations of the Frame Method, and Relationship in Psychotherapy and Psychoanalysis* (pp. 113-137). London: Karnac.

Jacobs, T. J. (1973). Posture, gesture, and movement in the analyst: Cues to interpretation and countertransference. *Journal of the American Psychoanalytic Association, 21*: 77-92.

Jacobs, T. J. (1983). The analyst and the patient's object world: Notes on an aspect of countertransference. *Journal of the American Psychoanalytic Association, 31*: 619-642.

Jacobs, T. J. (1986). On countertransference enactments. *Journal of the American Psychoanalytic Association, 34*: 289-307.

Jacobs, T. J. (1991). *The Use of the Self: Countertransference and Communication in the Analytic Situation*. Madison, CT: International Universities Press.

Jacobs, T. J. (1992). Isakower's ideas of the analytic instrument and contemporary views of analytic listening. *Journal of Clinical Psychoanalysis, 1*: 237-241.

Jacobs, T. J. (2007). Listening, dreaming, sharing: On the uses of the analyst's inner experiences. In S. Akhtar (Ed.), *Listening to Others: Developmental and Clinical Aspects of Empathy and Attunement* (pp. 93-112). Lanham, MD: Jason Aronson.

Joseph, B. (1987). Projective identification: some clinical aspects. In E. B. Spillius (Ed.), *Melanie Klein Today, I: Mainly Theory* (pp. 138-150). London: Routledge, 1988.

Kafka, J. (1989). *Multiple Realities in Clinical Practice*. New Haven, CT: Yale University Press.

Kanzer, M. (1958). Image formation during free association. *Psychoanalytic Quarterly, 27*: 465-484.

Katan, A. (1961). Some thoughts about the role of verbalization in early childhood. Psychoanalytic Study of the Child, 16: 184-198.

Kernberg, O. F. (1975). *Borderline Conditions and Pathological Narcissism*. New York: Jason Aronson.

Kernberg, O. F. (1984). *Severe Personality Disorders: Psychotherapeutic Strategies*. New Haven, CT: Yale University Press.

Kernberg, O. F. (1992). *Aggression in Personality Disorders and Perversions*. New Haven, CT: Yale University Press.

Kernberg, O. F., Selzer, M. A., Koenigsberg, H. W., Carr, A. C. & Appelbaum, A. H. (1989). *Psychodynamic Psychotherapy of Borderline Patients*. New York: Basic.

Khan, M. (1983a). On lying fallow. In *Hidden Selves: Between Theory and Practice in Psychoanalysis* (pp. 183-188). New York: International Universities Press.

Khan, M. (1983b). Infancy, aloneness and madness. In *Hidden Selves: Between Theory and Practice in Psychoanalysis* (pp. 181-182). New York: International Universities Press.

Killingmo, B. (1989). Conflict and deficit: Implications for technique. *International Journal of Psychoanalysis, 70*: 65-79.

Klauber, J. (1968). The psychoanalyst as a person. In *Difficulties in the Analytic Encounter* (pp. 123-139). New York: Jason Aronson, 1976.

Klein, M. (1926). The psychological principles of early analysis. *International Journal of Psychoanalysis*, *7*: 31-63.

Klein, M. (1935). A contribution to the psychogenesis of manic depressive states. In *Love, Guilt and Reparation and Other Works 1921-1945* (pp. 262-289). New York: Free Press, 1975.

Klein, M. (1940). Mourning and its relation to manic depressive states. In *Love, Guilt and Reparation and Other Works 1921-1945* (pp. 344-369). New York: Free Press, 1975.

Klein, M. (1946). Notes on some schizoid mechanisms. In J. Mitchell (Ed.), *The Selected Melanie Klein* (pp. 175-200). New York: Free Press, 1986.

Klein, M. (1952). The mutual influences in the development of ego and the id. In *Envy and Gratitude and Other Works 1946-1963* (pp. 57-60). New York: Free Press, 1975.

Klein, M. (1955). The psychoanalytic play technique: Its history and significance. In *Envy and Gratitude and Other Works 1946-1963* (pp. 122-140). New York: Free Press, 1975.

Kohut, H. (1971). *Analysis of the Self.* New York: International Universities Press.

Kohut, H. (1977). *The Restoration of the Self.* New York: International Universities Press.

Kohut, H. (1979). Two analyses of Mr. Z. *International Journal of Psychoanalysis*, *60*: 3-27.

Kohut, H. (1980). Summarizing reflections. In A. Goldberg (Ed.), *Advances in Self Psychology* (pp. 473-554). New York: International Universities Press.

Kohut, H. (1982). Introspection, empathy, and the semi-circle of mental health. *International Journal of Psychoanalysis*, *63*: 395-407.

Kohut, H. (1984). How Does Analysis Cure? Chicago: University of Chicago Press.

Kolvin, I. & Fundudis, T. (1981). Electively mute children: Psychological development and background factors. *Journal of Child Psychiatry*, 22: 219-232.

Kramer, S. & Akhtar, S. (1988). The developmental content of internalized preoedipal object relations. *Psychoanalytic Quarterly*, 42: 547-576.

Kreuzer-Haustein, U. (1994). On the analyst's silence. *Forum der Psychoanalyse: Zeitschrift für klinische Theorie und Praxis*, 10: 21-42.

Kris, A. O. (1982). *Free Association*. New Haven, CT: Yale University Press.

Kris, A. O. (1992). Interpretation and the method of free association. *Psychoanalytic Inquiry*, 12: 208-224.

Kristeva, J. (1988). Étrangers à nous mêmes. Paris: Fayard.

Layton, L., Hollander, N. C. & Gutwill, S. (2006). *Psychoanalysis, Class and Politics: Encounters in the Clinical Setting*. New York: Routledge.

Levenson, E. A. (1982). Follow the fox - an inquiry into the vicissitudes of psychoanalytic supervision. *Contemporary Psychoanalysis*, 18: 1-15.

Levy, J. (1995). Analytic stalemate and supervision. *Psychoanalytic Inquiry*, 15: 169-189.

Lhulier, J. (2005). Learning in an increasingly multitheoretical psychoanalytic culture: Impact on the development of psychoanalytic identity. *Psychoanalytic Psychology*, 22: 459-472.

Little, M. (1951). Countertransference and the patient's response to it. *International Journal of Psychoanalysis, 32*: 32-40.

Little, M. (1960). Countertransference. *British Journal of Medical Psychology, 33*: 29-31.

Loewald, H. (1960). On the therapeutic action of psychoanalysis. *Journal of the American Psychoanalytic Association, 41*: 16-33.

Loewenstein, R. (1951). The problem of interpretation. *Psychoanalytic Quarterly, 20*: 1-23.

Loewenstein, R. (1956). Some remarks on the role of speech in psychoanalytic technique. *International Journal of Psychoanalysis, 35*: 188-211.

Loewenstein, R. (1961). The silent patient: Introduction. *Journal of the American Psychoanalytic Association, 9*: 2-6.

Loomie, L. (1961). Some ego considerations in the silent patient. *Journal of the American Psychoanalytic Association, 9*: 56-78.

Maeder, T. (1989). *Children of Psychiatrists and Other Psychotherapists*. New York: Harper & Row.

Mahler, M. S., Pine, F. & Bergman, A. (1975). *The Psychological Birth of the Human Infant: Symbiosis and Individuation*. New York: Basic.

Makari, G. & Shapiro, T. (1993). On psychoanalytic listening: Language and unconscious communication. *Journal of the American Psychoanalytic Association, 41*: 991-102.

McDermott, V. (2003). Panel report: Is free association still fundamental? *Journal of the American Psychoanalytic Association, 51*: 1349-1356.

McDougall, J. (1985). *Theaters of the Mind: Illusion and Truth on the Psychoanalytic Stage*. New York: Brunner/Mazel.

McLaughlin, J. (1987). The play of transference: Some reflections on enactment in the psychoanalytic situation. *Journal of the American Psychoanalytic Association, 35*: 557-582.

McLaughlin, J. (1992). Non-verbal behaviors in the analytic situation: he search for meaning in non-verbal cues. In S. Kramer & S. Akhtar (Eds.), *When the Body Speaks: Psychological Meanings in Kinetic Clues* (pp. 131-161). Northvale, NJ: Jason Aronson.

Meissner, W. (1984). *Psychoanalysis and Religious Experience.* New Haven, CT: Yale University Press.

Meissner, W. (2000). On analytic listening. *Psychoanalytic Quarterly, 69*: 317-368.

Meissner, W. (2001). So help me God!: Do I help God or does God help me? In S. Akhtar & H. Parens (Eds.), *Does God Help? Developmental and Clinical Aspects of Religious Belief* (pp. 74-126). Northvale, NJ: Jason Aronson.

Miller, P. & Aisentein, M. (2004). Panel report: On analytic listening. *International Journal of Psychoanalysis, 85*: 1485-1488.

Mitchell, S. A. (1988). *Relational Concepts in Psychoanalysis.* Boston, MA: Harvard University Press.

Mitchell, S. A. (1991). Wishes, needs, and interpersonal negotiations. *Psychoanalytic Inquiry, 11*: 147-170.

Mitchell, S. A. (1993). Hope and Dread in Psychoanalysis. New York: Basic.

Mitchell, S. A. & Aron, L. (1999). *Relational Psychoanalysis: The Emergence of a Tradition.* Hillsdale, NJ: Analytic Press.

Mitrani, J. (2001). *Ordinary People and Extraordinary Protections.* London: Brunner-Routledge.

Modell, A. (1975). A narcissistic defense against affect and the illusion of self sufficiency. *International Journal of Psychoanalysis*, 56: 275-282.

Money-Kyrle, R. (1956). Normal countertransference and some of its deviations. International Journal of Psychoanalysis, 37: 360-366.

Moore, B. & Fine, B. (1995). *Psychoanalysis: The Major Concepts.* New Haven, CT: Yale University Press.

Nacht, S. (1964). Silence as an integrative factor. International *Journal of Psychoanalysis*, 45: 299-303.

Nersessian, E. & Kopf, R. (1996). *Textbook of Psychoanalysis.* Washington, DC: American Psychiatric Press.

Nichol, D. (2006). Buddhism and psychoanalysis: A personal reflection. *American Journal of Psychoanalysis*, 66: 157-172.

Nichols, M. (2009). *The Lost Art of Listening: How Learning to Listen Can Improve Relationships.* New York: Guilford Press.

Nosek, L. (2009). Body and infinite: Notes for a theory of genitality. *International Journal of Psychoanalysis*, 90: Revista Brasileira de Psicanalise 43: 139-151.

Ogden, T. H. (1986). *The Matrix of the Mind: Object Relations and the Psychoanalytic Dialogue.* Northvale, NJ: Jason Aronson.

Ogden, T. H. (1992). The dialectically constituted/decentered subject of psychoanalysis. *International Journal of Psychoanalysis*, 73: 517-526.

Ogden, T. H. (1994). *Subjects of Analysis.* Northvale, NJ: Jason Aronson.

Olinick, S. (1969). On empathy and regression in the service of the other. *British Journal of Medical Psychology*, 42: 41-49.

Olinick, S., Poland, W., Grigg, K. & Granatir, W. (1973). The psychoanalytic work ego: Process and interpretation. *International Journal of Psychoanalysis*, 54: 143-151.

Ostow, M. (2001). Three archaic contributions to the religious instinct: awe, mysticism, and apocalypse. In S. Akhtar & H. Parens (Eds.), *Does God Help? Developmental and Clinical Aspects of Religious Belief* (pp. 197-233). Northvale, NJ: Jason Aronson.

Paniagua, C. (1998). Acting-in revisited. *International Journal of Psychoanalysis*, 79: 449-512.

Paniagua, C. (2004). What has happened to the body in psychoanalysis. *International Journal of Psychoanalysis*, 85: 973-976.

Parsons, M. (2007). Raiding the inarticulate: The internal analytic setting and listening beyond countertransference. *International Journal of Psychoanalysis*, 88: 1441-1456.

Pegeron, J. (1996). Supervision as an analytic experience. *Psychoanalytic Quarterly*, 65: 693-710.

Person, E., Cooper, A. & Gabbard, G. (2005). *Textbook of Psychoanalysis*. Washington, DC: American Psychiatric Press.

Pine, F. (1988). The four psychologies of psychoanalysis and their place in clinical work. *Journal of the American Psychoanalytic Association*, 36: 571-596.

Pine, F. (1997). *Diversity and Direction in Psychoanalytic Technique*. New Haven, CT: Yale University Press.

Poland, W. (1975). Tact as a psychoanalytic function. International *Journal of Psychoanalysis*, 56: 155-161.

Poland, W. (1996). *Melting the Darkness: The Dyad and Principles of Clinical Practice*. Northvale, NJ: Jason Aronson.

Prathikanti, S. (1997). East Indian American families. In E. Lee (Ed.), *Working with Asian Americans: A Guide to Clinicians* (pp. 79-100). New York: Guilford Press.

Pulver, S. (1992). Gestures, emblems, and body language: What does it all mean? In S. Kramer & S. Akhtar (Eds.), *When the Body Speaks: Psychological Meanings in Kinetic Clues* (pp. 163-177). Northvale, NJ: Jason Aronson.

Racker, H. (1953). A contribution to the problem of countertransference. *International Journal of Psychoanalysis, 34*: 313-324.

Racker, H. (1957). The meanings and uses of countertransference. *Psychoanalytic Quarterly, 26*: 303-357.

Racker, H. (1958). Psychoanalytic technique and the analyst's unconscious masochism. *Psychoanalytic Quarterly, 37*: 555-562.

Racker, H. (1968). *Transference and Countertransference*. New York: International Universities Press.

Reich, A. (1951). On countertransference. *International Journal of Psychoanalysis, 32*: 25-31.

Reich, W. (1933). *Character Analysis*. New York: Farrar, Straus and Giroux, 1972.

Reik, T. (1937). *Surprise and the Psychoanalyst*. New York: Dutton.

Reik, T. (1948). *Listening with the Third Ear*. New York: Farrar, Straus and Giroux, 1983.

Reik, T. (1968). The psychological meaning of silence. *Psychoanalytic Review, 55*: 176-186.

Renik, O. (1993). Analytic interaction: Conceptualizing technique in light of the analyst's irreducible subjectivity. *Psychoanalytic Quarterly, 62*: 553-571.

Riess, A. (1978). The mother's eye: For better and for worse. *Psychoanalytic Study of the Child*, *33*: 381-433.

Rilton, A. (1988). Some thoughts on supervision. *Scandinavian Psychoanalytic Review*, *11*: 106-116.

Riviere, J. (1952). General introduction. In E. Jones (Ed.), *Developments in PsychoAnalysis*, (pp. 1-36). London: Hogarth.

Rizzuto, A. M. (1979). *The Birth of the Living God*. Chicago: University of Chicago Press.

Rizzuto, A. M. (1996). Psychoanalytic treatment and the religious person. In E. Sahfranske (Ed.), *Religion and Clinical Practice of Psychology* (pp. 409-432). Washington, DC: American Psychological Association.

Rizzuto, A. M. (2001). Does God help? What God? Helping whom? The convolutions of divine help. In S. Akhtar & H. Parens (Eds.), *Does God Help? Developmental and Clinical Aspects of Religious Belief* (pp. 19-52). Northvale, NJ: Jason Aronson.

Roberts, S. J. (2002). Identifying mutism's etiology in a child. *The Nurse Practitioner*, *27*: 44-48.

Roland, A. (1996). *Cultural Pluralism and Psychoanalysis: The Asian and North American Experience*. New York: Routledge.

Ronningstam, E. (2006). Silence: Cultural function and psychological transformation in psychoanalysis and psychoanalytic psychotherapy. *International Journal of Psychoanalysis*, *87*: 1277-1295.

Rosen, B. (2000). Through the looking glass (darkly): The "training neurosis" and the development of an analytic identity. *Journal of Clinical Psychoanalysis*, *9*: 39-50.

Rubin, J. (1996). *Psychotherapy and Buddhism: Toward an Integration*. New York: Plenum Press.

Sabbadini, A. (1992). Listening to silence. *Scandinavian Psychoanalytic Review*, 15: 27-36.

San Roque, C. (2007). Coming to terms with the country: some incidents on first meeting Aboriginal locations and Aboriginal thoughts. In M. T. S. Hooke & S. Akhtar (Eds.), *The Geography of Meanings: Psychoanalytic Perspectives on Place, Space, Land, and Dislocation* (pp. 105-140). London: International Psychoanalytical Association.

Sander, L. (1975). Infant and caretaking environment: Investigation and conceptualization of adaptive behavior in a system of increasing complexity. In E. J. Anthony (Ed.), *Explorations in Child Psychiatry* (pp. 129-166). New York: Plenum Press.

Sandler, J. (1960). The background of safety. *International Journal of Psychoanalysis*, 41: 352-365.

Sandler, J. (1976). Countertransference and role responsiveness. *International Review of Psycho-Analysis*, 3: 43-47.

Sandler, J., Dare, C. & Holder, A. (1973). *The Patient and the Analyst*. New York: International Universities Press.

Sandler, J. & Sandler, A. M. (1998). *Internal Objects Revisited*. London: Karnac.

Sartre, J. -P. (1946). *No Exit and Three Other Plays*. New York: Vintage.

Schafer, R. (1976). *A New Language for Psychoanalysis*. New Haven, CT: Yale University Press.

Schafer, R. (1978). *Language and Insight*. Northvale, NJ: Jason Aronson.

Schlesinger, H. (2003). *The Texture of Treatment: On the Matter of Psychoanalytic Technique*. Hillsdale, NJ: Analytic Press.

Schwaber, E. A. (1981). Empathy: A mode of analytic listening. *Psychoanalytic Inquiry, 1*: 357-392.

Schwaber, E. A. (1983). Psychoanalytic listening and psychic reality. *International Review of Psycho-Analysis, 10*: 378-392.

Schwaber, E. A. (1995). The psychoanalyst's mind: From listening to interpretation: A clinical report. *International Journal of Psychoanalysis, 76*: 271-281.

Schwaber, E. A. (1998). The non-verbal dimension in psychoanalysis. *International Journal of Psychoanalysis, 79*: 667-689.

Schwaber, E. A. (2005). The struggle to listen: Continuing reflections, lingering paradoxes, and some thoughts on recovery of memory. *Journal of the American Psychoanalytic Association, 53*: 789-810.

Schwaber, E. A. (2007). The unending struggle to listen: Locating oneself within the other. In S. Akhtar (Ed.), *Listening to Others: Developmental and Clinical Aspects of Empathy and Attunement* (pp. 17-39). Lanham, MD: Jason Aronson.

Searles, H. F. (1955). The informational value of the supervisor's emotional experience. *Psychiatry, 18*: 135-146.

Searles, H. F. (1979). The analyst's experience with jealousy. In L. Epstein & A. Feiner (Eds.), *Countertransference* (pp. 305-327). New York: Jason Aronson.

Shafii, M. (1973). Silence in the service of ego: Psychoanalytic study of meditation. *International Journal of Psychoanalysis, 54*: 431-443.

Shapiro, E. & Pinsker, H. (1973). Shared ethnic scotoma. *American Journal of Psychiatry, 130*: 1338-1341.

Shapiro, T. (1979). *Clinical Psycholinguistics*. New York: Plenum Press.

Sharpe, E. F. (1940). Psychophysical problems revealed in language: an examination of metaphor. In *Collected Papers on Psychoanalysis* (pp. 155-169). London: Hogarth, 1950.

Sharpe, E. F. (1947). The psychoanalyst. *International Journal of Psychoanalysis, 28*: 1-6.

Shengold, L. (1989). *Soul Murder: The Effects of Childhood Abuse and Deprivation*. New Haven, CT: Yale University Press.

Siegman, A. (1954). Emotionality: a hysterical character defense. *Psychoanalytic Quarterly, 23*: 339-354.

Silberer, H. (1914). *Problem der Mystik und ihrer Symbolik*. Leipzig, Germany: Hugo Heller.

Skolnikoff, A. Z. (2000). Seeking an analytic identity. *Psychoanalytic Inquiry, 20*: 594-610.

Slakter, E. (1987). *Countertransference*. Northvale, NJ: Jason Aronson.

Slap, J. W. (1976). A note on the drawing of dream details. *Psychoanalytic Quarterly, 45*: 455-456.

Smith, H. F. (1999). Subjectivity and objectivity in analytic listening. *Journal of the American Psychoanalytic Association, 47*: 465-484.

Smolar, A. (2002). Reflections on gifts in the therapeutic setting: The gift from patient to therapist. *American Journal of Psychotherapy, 56*: 27-45.

Solnit, A. J. (1970). Learning from psychoanalytic supervision. *International Journal of Psychoanalysis, 51*: 359-362.

Sonnenberg, S. M. (1995). Analytic listening and the analyst's self-analysis. *International Journal of Psychoanalysis, 76*: 335-342.

Spencer, J. H. & Balter, L. (1990). Psychoanalytic observation. *Journal of the American Psychoanalytic Association, 38*: 393-421.

Spezzano, C. (1993). *Affects in Psychoanalysis: A Clinical Synthesis.* Hillsdale, NJ: Analytic Press.

Spivak, G. C. (1988). Can the subaltern speak? In C. Nelson & L. Gross-berg (Eds.), *Marxism and the Interpretation of Culture* (pp. 283-298). Champagne-Urbana, IL: University of Illinois Press.

Steel, E. (2007). Lost children. In M. T. S. Hooke & S. Akhtar (Eds.), *The Geography of Meanings: Psychoanalytic Perspectives on Place, Space, Land, and Dislocation* (pp. 79-104). London: International Psychoanalytical Association.

Stolorow, R. & Atwood, G. (1978). *Faces in a Cloud: Subjectivity in Personality Theory.* New York: Jason Aronson.

Stolorow, R. D., Brandchaft, B. & Atwood, G. E. (1987). *Psychoanalytic Treatment: An Intersubjective Approach.* Hillsdale, NJ: Analytic Press.

Stolorow, R. D., Brandchaft, B. & Atwood, G. E. (1992). *Context of Being: The Intersubjectivist Foundations of Psychological Life.* Hillsdale, NJ: Analytic Press.

Stone, L. (1961). *The Psychoanalytic Situation.* New York: International Universities Press.

Stone, M. (2009). Lying and deceitfulness in personality disorders. In S. Akhtar (Ed.), *Lying, Cheating, and Carrying On* (pp. 69-92). Lanham, MD: Jason Aronson.

Strenger, C. (1989). The classic and the romantic visions in psychoanalysis. *International Journal of Psychoanalysis, 70*: 595-610.

Strozier, C. (2004). *Heinz Kohut: the Making of a Psychoanalyst.* New York: Other Press.

Sullivan, H. S. (1947). *Conceptions of Modern Psychiatry*. Washington, DC: William Alanson White Foundation.

Sullivan, H. S. (1953). T*he Interpersonal Theory of Psychiatry*. New York: W. W. Norton.

Suslick, A. (1969). Nonverbal communication in the analysis of adults. *Journal of the American Psychoanalytic Association, 17*: 955-967.

Tang, N. M. & Gardner, J. (1999). Race, culture, and psychotherapy: Transference to minority therapists. *Psychoanalytic Quarterly, 68*: 1-20.

Target, M. & Fonagy, P. (1996). Playing with reality II: The development of psychic reality from a theoretical perspective. International Journal of Psychoanalysis, 77: 459-479. Thedailybeast.com/articles/ 2011/12/20/rick-perry-s-kim-jong-il-slip-oops-moment--and-more-gaffes.html

Thomson, J. A. (2001). Does God help me or do I help God or neither? In S. Akhtar & H. Parens (Eds.), *Does God Help?: Developmental and Clinical Aspects of Religious Belief* (pp. 127-152). Northvale, NJ: Jason Aronson.

Van der Heide, C. (1961). Blank silence and the dream screen. J*ournal of the American Psychoanalytic Association, 9*: 85-90.

Volkan, V. D. (1976). *Primitive Internalized Object Relations*. New York: International Universities Press.

Volkan, V. D. (1987). *Six Steps in the Treatment of Borderline Personality Organization*. Northvale, NJ: Jason Aronson.

Volkan, V. D. (2010). *Psychoanalytic Technique Expanded: A Textbook on Psychoanalytic Treatment*. Istanbul, Turkey: OA Books.

Waelder, R. (1936). The principle of multiple function: Observations on multiple determination. *Psychoanalytic Quarterly, 41*: 283-290.

Wantuch, E. (2002). *Adult onset hearing loss and its impact on the psychotherapist-client relationship*. Dissertation Abstracts, 62: 4241.

Warren, M. (1961). The significance of visual images during the analytic session. *Journal of the American Psychoanalytic Association*, 9: 504-518.

Winnicott, D. W. (1935). The manic defense. In *Through Paediatrics to Psychoanalysis: Collected Papers* (pp. 129-144). New York: Brunner/Mazel, 1992.

Winnicott, D. W. (1947). Hate in the countertransference. In *Collected Papers: Through Paediatrics to Psychoanalysis* (pp. 306-316). New York: Basic, 1958.

Winnicott, D. W. (1953). Transitional objects and transitional phenomena: a study of the first not-me object. *International Journal of Psychoanalysis, 34*: 89-97.

Winnicott, D. W. (1956). Primary maternal preoccupation. In *Collected Papers: Through Paediatrics to Psychoanalysis* (pp. 300-305). New York: Basic, 1958.

Winnicott, D. W. (1960a). Ego distortion in terms of true and false self. In *The Maturational Processes and the Facilitating Environment* (pp. 140-152). New York: International Universities Press, 1965.

Winnicott, D. W. (1960b). Countertransference. *British Journal of Medical Psychology, 33*: 17-21.

Winnicott, D. W. (1963). Communicating and not communicating leading to a study of certain opposites. In *The Maturational Processes and the Facilitating Environment* (pp. 166-170). New York: International Universities Press, 1965.

Winnicott, D. W. (1965). *Maturational Environment and Facilitating Processes*. New York: International Universities Press.

Winnicott, D. W. (1966). Ordinary devoted mother. In C. Winnicott, R. Shepherd & M. Davis (Eds.), *Babies and Their Mothers* (pp. 3-4). Reading, MA: Addison-Wiley, 1987.

Wolf, E. (1979). Countertransference in disorders of the self. In L. Epstein & A. H. Feiner (Eds.), *Countertransference: The Therapist's Contribution to the Therapeutic Situation* (pp. 445-464). New York: Jason Aronson.

Wong, P. (2010). Selective mutism: a review of etiology, comorbidities, and treatment. *Psychiatry, 7*: 23-31.

Wright, K. (1991). *Vision and Separation between Mother and Baby*. Northvale, NJ: Jason Aronson.

Wurmser, L. (2000). Magic transformation and tragic transformation: Splitting of the ego and superego in severely traumatized patients. *Clinical Social Work, 28*: 385-395.

Zeligs, M. A. (1957). Acting in: A contribution to the meaning of some postural attitudes observed during analysis. *Journal of the American Psychoanalytic Association, 5*: 685-706.

Zeligs, M. A. (1960). The role of silence in transference, counter-transference and the psychoanalytic process. *International Journal of Psychoanalysis, 41*: 407-412.

Zeligs, M. A. (1961). The psychology of silence: Its role in transference, countertransference, and the psychoanalytic process. *Journal of the American Psychoanalytic Association, 9*: 7-43.

Zetzel, E. (1956). Current concepts of transference. *International Journal of Psychoanalysis, 37*: 369-375.

Índice remissivo

GRÁFICA PAYM
Tel. [11] 4392-3344
paym@graficapaym.com.br